U0076335

字畝
TZUCHI

優

活

慢

老

花蓮慈濟醫院高齡醫學團隊————集體力作

目錄

老去情懷猶作濟世想

◎釋證嚴

近年來，臺灣因為醫藥進步，社會福利充足，六十五歲以上的老年人口餘命延長，由二〇〇九年的百分之十點六三，至二〇一九年已上升至百分之十五點二八。加上少子化的影響，人口結構正在悄悄地改變中。

既然生命與時間俱老，長者要如何老得健康、老得有用、老得優雅呢？

羅慶徽副院長來到花蓮慈濟醫院服務後，常有機會與志工互動，透過觀察，也刷新他對「老」的定義：「老是一種態度，對新的事物常保熱情，樂在學習，心態不老，身體就不容易老化。」

　　看看我們的環保志工，多是上了年紀的長者，兒女長大紛紛離巢，各自為屬於自己的小家庭打拚；兩老相對無言，守著家門，只能寂寞向黃昏。

　　一旦生活沒有了盼望，身體機能很快就衰退了。幸運的，得到慈濟人的牽引，加上長者本身也有這分善念，跟著慈濟人出去做環保，把人家不要的「福」撿回來，還要進行垃圾分類；垃圾分類可不簡單，需要長期經驗的累積，才能眼明手巧。

　　有一次去到環保站，老菩薩向師父介紹塑膠袋回收分類，只見她拈起塑膠袋，用兩隻指頭搓一搓，就說：「這是 PE、那是 PP、這搓出來有聲音的則是 OPP，另外這個嘛，叫做 PVC。」那個架式，簡直比專業更專業。

　　師父常說：「環保站是老人最好的輕安居。」因為要做環保，就得進行回收資源的分類，心在思考、手要動作，「一回生，二回熟，三回成高手」，前面所述的那位老菩薩就是最明顯的例子。

　　雖然身體機能逐漸在敗壞，也不是力不可挽；只要有很強的求知欲，和即知即行的行動力，至少也能放慢老化的速度。

　　羅副院長在《優活慢老》這本書，依六波羅蜜分成六個篇章，依序是：好睡眠、慢性病管理、營養管理、運動、動腦及互動。

　　的確，有充分的休息才有好的體力可以付出，但是年歲大了，不是睡不著，就是容易清醒；睡得少、睡眠品質也不好，常看到有些長者一坐下來就打盹，實在令人不捨。書中也都一一提出解方了。

　　年紀大了，身上的器官如同一部機器用久了，難免螺絲鬆脫，運作不順暢。各種慢性病，如高血壓、高血脂、高血糖「三高」都上身了，其實只要遵從醫囑，紀律服藥就可以了。切莫自作解人，隨意改變劑量；如有疑義，再與醫師討論即可。

　　營養的補充也是一樣，很多長者牙口不好，不是咬不動，就是食不知味；以致營養不足，體力愈來愈

虛弱，這時，營養的補充就很重要了。

如若身上有好幾種慢性病交纏著，家屬就要與營養師討論，客製化個人每天需要的熱量，然後遵守。要活得有品質、活得優雅並不困難。

至於運動和互動，執行就要靠個人的意志力了。看看我們的環保志工，每天趕到環保站做資源回收，走路也算是運動之一；若走得快一點，感覺有點喘，就達到運動的效果了。

何況資源還要分類回收，眼睛看得分明，手腳也要快，這都是訓練腦部的思考和反應。

每個環保站都像一個大家庭，從分類、洗濯、歸類、打包，大家合和互協；手不停地動作，耳聽錄音機傳來師父的開示；就在此時，不僅回收的瓶瓶罐罐各就各位了，心靈也被洗滌療癒了。

難怪每次去到環保站，看我們每位環保志工，都是一尊尊莊嚴的菩薩。原本罹患憂鬱症、恐慌症、自閉症的，也都在這裏被療癒了。

　　臺灣已經進入高齡化社會,加上少子化影響,未來老老相依將會成為尋常一景。很感恩羅副院長於此時出版《優活慢老》這本書,讓長者知道如何提升優質的老年生活;也讓即將走入老年的中生代,不驚不懼,知道如何老得充實、老得優雅。

（本文作者為慈濟基金會創辦人）

百二康健輕安行

◎林碧玉

　　久遠年代前，人均壽命五十，當時說「人生七十古來稀」，高齡長者總是令人尊敬又羨慕。

　　如今，亞洲地區人均壽命已超過八十歲，近年來學者試圖以「無齡世代」引導思考未來社會百態。內省我們準備好適應未來了嗎？

　　當臺灣人平均壽命六十出頭的年代，一九九四年某日，慈濟醫療財團法人主任祕書溫舜華從臺北返花，說起探視溫媽媽，驚歎地分享媽媽與阿姨四人加起來超過三百歲，還開車四處旅行，真了不起！

　　二〇二〇年初，臺北慈院陳政宏主任的父母親，在慈濟人陪伴下第一次參訪靜思精舍，令人敬佩他倆

挺直的身影，完全看不出賢伉儷已近九十高齡，來自屏東鄉下的老人家，行進間隨時隨地緊緊地手牽著手。

令人感動的是到了十月，陳爸爸種植的鳳梨豐收，為分享新鮮、香甜又好吃的鳳梨，特地從屏東開車一路奔馳，神彩奕奕地抵達精舍。

卸下鳳梨後，他立刻又啟程返回屏東，當日往返五、六百公里，「九十開車趴趴走」，要說陳爸爸到底是年輕或年長？其實難以認定呢！

十月，花蓮慈院王志鴻副院長的父母親，到精舍拜會證嚴上人。王爸爸疼愛王媽媽，每一開口都令人驚呼連連，尤其當九十六歲的王爸爸輕輕地說：「我們已經結婚九十二年了！」

現場一片譁然，原來王媽媽是童養媳，兩小無猜，一生呵護。兩老平常雖然愛吵嘴「答喙鼓」，卻又如膠似漆，鶼鰈情深，令人敬愛。

近年王媽媽常住花蓮，王爸爸留在屏東，大家不斷邀約王爸爸同來花蓮。王爸爸卻一再表達，來花蓮

無事可做，在屏東除了自己種植幾甲地外，還是農業顧問，每日非常忙碌，不怕沒事做。

近日遇到王副院長，關懷王爸爸何時來花蓮與王媽媽常聚？

王副院長笑答：「到高雄開會時，順道回屏東探望父親，想請爸爸吃飯，爸爸說他很忙沒空，等一下就有『年輕人』來帶他參加老人會活動。」

王副院長感歎鄉下年輕人真有愛心，就在家裏等候想當面致謝。當門外傳來汽車聲，出門一看，原來開車的「年輕人」已是八十五歲長者，但在王爸爸眼中還是個年輕人。

世界是扁平的，在開發及已開發國家，都因少子化，面臨超高齡化社會。日本人長壽，已經反映出長者服務年輕人現象，所以有「上錯菜餐廳（失智老人當服務員的餐廳）」的美談。

近日更有很多人羨慕歐洲奧地利老人，七十餘歲退休後仍繼續工作，近八十歲還經營供餐民宿、畫

畫義賣捐獻，八十餘歲當導覽志工、製作修理皮鞋，九十五歲還揉麵團。因此有「忘憂產業」的發展。

看到這些，其實也不必羨慕，慈濟人的真實生活也是如此精勤充實，更因追隨證嚴上人，學習「少欲知足，一心利他」，使令身心輕安，日日淡定無憂，忘卻今夕吾齡數字。

惶恐與感恩羅慶徽副院長帶領團隊撰寫《優活慢老》一書。惶恐的是囑咐為之寫序，不才無學，深感文到用時方恨少；感恩的是羅副院長既是醫院管理博士，更是多專科醫師，對老人醫學的鑽研尤為專精。

羅副院長自加入慈濟以來，好奇慈濟人無怨無悔、歡喜付出，年逾百歲依然日日從事資源回收分類，再觀察到幾乎人人反應靈敏，尤其臉上少刻年紋，於是從學者角度切入，見證保護地球為出發的使命，以及茹素慈悲利他的思維，驗證「老有所用」是健康不老的泉源。

在證嚴上人的關注下，羅副院長帶領團隊撰寫老

年生活種種與健康老化的方法，從健康的生活模式，飲食、運動等知識，祝福並期待未來能降低需被照顧的長者比例，讓人人都能過著優雅慢老的生活。

　　為文及此，不覺冥想「古賢七十人稱老，今人七十綠枝芽，八十青春學無涯，九十開車趴趴走，百歲念念慈悲心，手腦並用秀創意，無欲無求利他行；誰言七十古來稀？若能分秒護善念，敬天愛地護萬物，百二茹素輕安行。」真美！

　　　　　　　　（本文作者為慈濟基金會副總執行長）

優質慢老蔬活樂

◎林俊龍

　　二○二○年十二月，花蓮慈濟醫院榮譽院長曾文賓醫師以九十八歲高齡圓滿人生。

　　曾院長年輕時加入臺大醫療團隊，實地訪查南臺灣烏腳病高罹患率地區，研究致病因素，發現烏腳病病人是因為長年飲用深層地下水，引發了砷中毒，導致雙腳發黑疼痛難耐，甚至必須截肢。

　　因為烏腳病卓越的研究成果，帶領全世界改變了對水中砷含量的限量標準。臺灣地區也因此全面改設自來水系統，讓後代子孫不再受烏腳病截肢與罹癌之苦。他對臺灣與世界公共衛生可謂貢獻良多。

　　曾院長跟我都是心臟內科醫師，曾院長受證嚴上

人感召，於花蓮慈濟醫院籌建期間就投入幫忙，他從臺大醫院副院長一職退休後，就接下花蓮慈濟醫院第二任院長，爾後帶領慈濟醫院晉升為準醫學中心。

　　一九九九年，他將院長一職傳承給年輕的陳英和醫師，但依然活躍在花蓮慈院看診及教學，並與夫人周翠微持續參加醫院活動、關懷同仁，退而不休的他們，在我眼中，就是優雅慢老的典範。

　　能夠做到優雅慢老，有三個很重要的元素：充足的營養且最好是素食、定期定量的運動、人際互動與活動參與。

　　我在擔任大林慈濟醫院院長期間，就開始做素食營養與疾病相關的研究，也與團隊建立了世界第三大的素食世代研究資料庫。

　　這幾年，更將此素食研究資料庫與臺灣健保資料庫做比對研究，發現素食者的健保費用比一般民眾的健保花費減少了四分之一，而素食者在腦中風、糖尿病、血管硬化、高血壓、白內障、痛風、脂肪肝等慢

性疾病的罹患率也明顯低於葷食者。

這些科學研究成果已陸續發表在各醫學與營養期刊上，證實了素食對健康裨益良多。

而定期定量的運動，對於減緩老化也非常很重要，建議一週三天，每次三十分鐘。運動能讓人心情愉悅，舒緩緊張，運動時若能伴隨著適量的日晒，更能預防骨質疏鬆症。

要減緩老化速度，絕對不能離群索居，一定要增加人際互動與活動參與。

在這一點上，慈濟志工可算是實踐者，許多上年紀的慈濟志工每天到環保站做資源回收；或承擔香積志工，負責煮飯菜跟大眾結緣；或者到社區關懷據點當志工，由年輕的長輩陪伴資深的長輩；或者到老人大學上課追求新知。

這些人際上的互動與參與，都是減緩老化、減少憂鬱、強化功能、保存記憶的好方法。

銀髮族參與活動最大的益處在於心情的轉變。而

心情的好與壞，直接影響健康。我與林庭光醫師曾與中正大學一起進行過「心理健康是否影響心血管健康」的研究，證實身心之間存在著微妙的關聯，可以說是牽一髮而動全身；生氣、沮喪等負面情緒，都可能造成心臟病的發作。

這個計畫是研究 Type-D 特殊人格與心臟疾病的相關性。經過十二題問卷的檢視，憂鬱、負面、焦慮、沮喪、人際社交障礙、封閉不喜與人互動，這些都歸納為 Type-D 人格，而敵意型人格與 Type-D 型人格，都屬於動脈硬化、心肌梗塞的高風險群，得到心臟疾病機率比較大，罹患心臟疾病的預後也比較差，重症者死亡率也比較高。

因此，要改善老年人的負面情緒，除了增加家人親友間的互動，讓老人家多走出家門，增加與外界人群的接觸，也非常重要。

此外，隨著通訊科技進步到 5 G 時代，住在偏遠地區或是行動不便的長輩，可以藉由資訊的快速傳輸，

以簡單的平板電腦或手機，加上雲端病歷資料庫，即時監控長者健康狀況。

美國醫學研究分析指出，老年人的醫療照顧費用，在六十五歲之後所需要的醫療花費是六十五歲之前的四倍之多。利用雲端系統照顧長者健康，可以大幅減少年輕人的負擔。

如此一來，就像是「我們蓋了一間擁有三十五萬張病床的醫院」，這個人數足足涵蓋了花蓮縣的總人口數。

但慈濟並不是真的要興建一間超大型醫院，而是要透過科技，把醫療照護帶進每一戶民眾家中，連遠在山頭的部落和偏鄉都不例外，能有效減少民眾奔波往返的路程時間與交通費用。

臺灣已於二〇一八年轉為「高齡社會」，推估將於二〇二五年邁入「超高齡社會」，如何敬老、愛老、護老、顧老，還有該怎麼讓自己也能健康慢老，都是全民必須面對與學習的課題。

　　《優活慢老》這本書出版之後，定會成為家家必備的一本實用書籍，值得推薦，樂為之序，感恩。

　　　　　　　　　　（本文作者為慈濟醫療財團法人執行長）

樂活長青不是夢

◎林欣榮

　　佛法有六波羅蜜：布施、持戒、忍辱、精進、禪定、般若。經由這六種基本的菩薩修行方法，可以自度度人，福慧雙修。

　　羅慶徽副院長帶領團隊撰寫的《優活慢老》一書，提出「健康六波羅蜜」的概念，經由好睡眠、慢性病管理、營養管理、運動、動腦、互動等六種法門，我們可以樂活長青，長壽又兼顧生活品質。

　　作為腦神經外科醫師，生老病死中，面對老人和失能病人是日常，自年輕住院醫師訓練開始，在開刀房，往往就是跟死神在搶時間。

　　因此從醫四十年來，除了精進醫術之外，我也積

極推動預防醫學，建議民眾在四十歲左右，就應該送身體「進廠保養」，做一套包括心腦血管的全身健康檢查，掌握自己的健康脈絡，一方面儲備健康資產，一方面抗老化、遠離慢性病及癌症。

我們都知道，面對人體機能的老化，健不健康的標準，不在於身上有沒有疾病，而是如何正念面對。

醫學研究也發現，身體有病的人不見得會比較早亡，反而是失能的人比生病的人先走一步。進一步來說，老是一種態度，這在慈濟環保站就可以看到，許多老菩薩與機能退化的身體和平共處，樂活每一天。

慈濟環保志工，多的是八、九十歲白髮蒼蒼的老菩薩，人人誓做守護大地的環保尖兵。許多菩薩的睡眠障礙病，都是因為做環保之後，就能一覺到天亮，正符合書中所言「啟動優質睡眠三大原則」：一是作息準時；二是累積足夠的睡眠壓力──就是累；三是身心要放鬆。

其實，要不老就要動腦，動腦可以活化腦細胞。

常常學習新的事物是動腦的方便法門，例如學習資源分類、學習說好話、練習樂觀，這樣「一起工作，一起發電」，腦細胞就會連結在一起，自動修復退化，傳導也會愈來愈好愈快。

　　最重要的一點，環保菩薩天天聆聽證嚴上人開示，因為心中有法，生活有目標，人生有方向，透過身體力行做環保，在做的當中從內心淨化去除煩惱，福慧俱增，同時腦中產生成就感，感受到生命的正面價值。有成就感的人生是做不累的，是精進的，身心靈因而更健康。

　　另外，因為臨床所學與研究的關係，一般人認為的正常老化症狀，有更多是大腦疾病的通症，例如腦積水、巴金森氏症、小血管疾病、腦萎縮，前三者更是常見的三合一長者腦部疾病，會影響到他們的記憶、步態平衡、語言等。

　　我常以我的父親為例，八年前，一向喜歡外出的父親，愈來愈居家，走路踩著小碎步、甚至連抬腿的

力氣都沒有，思緒與說話常是顛顛倒倒。一檢查發現是腦積水問題，於是幫他接上引流管解決腦積水後，再教他以抬腿、唱歌活絡腦神經生長，現在他還能開車載著母親出門買菜。

　　如何優雅慢老，慢性病管理很重要。書中告訴我們：糖尿病是腦心血管疾病的隱形危機；高血壓是讓心臟覺得很累的首要因素；高血脂是無聲的健康風險；骨質疏鬆症是造成健康骨牌效應的頭號對手。

　　我們除了可以按照醫師的指示用藥控制疾病惡化之外，還有一個好方法，就是運動，在生活中種植健康因。

　　例如高血脂的治療，以飲食及運動優先；有氧運動可以燃燒脂肪。運動可以訓練肌肉保護骨頭、支撐關節；運動還可以增加骨質密度、增強肌肉及改善平衡；運動更可以訓練心肺功能及耐力，可以說是好處多多。

　　運動量不足已被列為全球十大死因第四名，僅次

於高血壓、抽菸、高血糖，超重和肥胖排名第五。美國心臟病學會也將運動量不足，定為心血管疾病的危險因子之一。

因此，要照顧長者健康，運動很重要，本書中介紹許多適合長者的運動建議，可兼顧有氧、肌力、柔軟度訓練和平衡訓練。

很感恩羅副院長帶領老年醫學科、高齡整合照護科、復健科、營養科團隊，從「一好、二管、三動——健康六波羅蜜」，養成好習慣。

有好的睡眠、管好慢性病和營養，以及運動、動腦、互動等；經由營養均衡、適量的運動、結交益友相伴，讓老有所安，更有所用，不畏老也不懼病，生活得有品質，樂活長青不是夢。

（本文作者為花蓮慈濟醫學中心院長）

預約優雅晚年

花蓮慈濟醫院副院長暨高齡醫學中心主任　羅慶徽

「輪椅和自行車，同樣都是輪子的代步工具，在人生最後幾年，你想要在哪個輪子上度過呢？」

每回演講時如此提問，從來不會有人想在輪椅上度過餘生，這表示大家想要的，都是身體健康而且行動自如。

但可惜的是，這樣自如的晚年，不是我們自己說了算，而是必須從現在就開始準備，才能達到優雅慢老，健康自在地騎著自行車悠遊。

什麼時候開始老？

到底什麼是「老」？有人說，六十五歲了；有人

說，是體力變差了；有人說，頭髮變白了！

我的父親是整個村子最強壯的男人，驚覺爸爸老了的時候，是發現他毛巾擰不乾；那是第一次發現爸爸會老，也是我決定要好好研究老人醫學的契機。

日本知名作家村上春樹曾經說過一句話：「我一直以為人是慢慢變老的，其實不是，人是一瞬間變老的。」那到底是「哪一瞬間」開始變老的呢？

彰化慈濟志工蔡寬老菩薩已經一百多歲了，和我一起去拜訪的同仁，跟老菩薩比柔軟度完全輸她。講得直白一點，我覺得在動物園看到猴子做什麼動作，一百多歲的蔡寬老菩薩也做得出來，就是這麼靈活。

另一個令我佩服的是，蔡寬老菩薩九十歲開始滑平板學電子書。

我問她難不難？她眼睛睜得大大地說：「當然很難！」我問她為什麼還要學？她很理所當然地說：「想要去分享，想去教別人，自己不先學可以嗎？」

因為一直學習新的東西，人就不容易老。

所以想跟大家分享的重點就是，其實老是一種
「態度」。要不老，就要常常學習新的事物。

我在慈濟和證嚴法師身上學到的是，老人要「有
所用」，所以老是一種態度，如果常保對新事物的熱
情，不斷學習，心態上永遠都不老，身體也就不容易
老化。

零件故障就維修　發揮良能更長壽

再舉兩個例子，一位七十六歲的王太太，患有高
血壓、糖尿病和高血脂等慢性病，每天要服用六種藥
物、定期在醫院回診，她每日出門與朋友聚會，並且
參加社區志工服務，生活非常充實快樂。

另外一位同樣也是七十六歲的張太太，她有骨質
疏鬆、壓迫性骨折，定期在醫院復健、每天吃一種藥
物，但因為害怕跌倒，足不出戶，所以在家接受社區
志工的服務，每日鬱鬱寡歡。

如果請大家比較，這兩位太太誰是健康的高齡

者？答案是王太太。一定會有人質疑，王太太雖然很開朗，但身上好幾種慢性病，怎麼可能比較健康？

這就是重點。老人健不健康的標準，並不在於身上有沒有疾病。一位義大利的醫師在梵蒂岡附近研究一群當地老人的存活率，追蹤了四年，發現沒有失能的老人活得比較久，身上有慢性病反而不重要。

所謂的「失能」，就是失去自己照顧自己的能力。研究發現，身體有病的人不見得會比較早亡，而是失能的人會比生病的人早亡。

所以，我希望長輩們不要在意自己是不是有慢性病，而是不要失去自己照顧自己的能力。

一位馬來西亞的志工，曾經很哀怨地對我說，自己這麼認真做志工，為什麼還會生病？

其實機器用久了就會壞、人老了就是會生病，就像我們買一輛車，可曾認為十年後或十五年後，這輛車的性能會跟剛買的時候一樣？當然不可能，身體也一樣。

　　人老了難免會生病，不要去想是不是善事做得不夠、志工做得不足或是福德淺薄才會生病，都不是。

　　如果人不會生病，怎麼會有這麼多醫院、需要栽培這麼多醫師？

　　所以，記得換另一種想法，接受人老了難免會生病，不要怨天尤人，或是跟晚輩說自己好死賴活這種喪氣話，這樣不但於事無補，對晚輩也是一種精神負擔，彼此都難過。

　　年齡過百的田中旨夫醫師，是慈濟人醫會志工。他三十八歲得到肺結核、七十歲腦溢血、八十五歲感染了 SARS（急性呼吸道症候群）、九十歲罹患肝癌，這四種病的死亡率都很高，但生性樂觀豁達的他，卻一次次安全通過鬼門關。

　　病癒後，他回到日本沖繩繼續行醫，決定走路復健，所有人都反對，怕他太累，他卻說：「我如果休息，就會躺在床上，永遠爬不起來。」

　　所以，他常到海邊散步，聽他形容，起初腳上好

像綁了百公斤的沙袋一樣，他還是勉強移動，到現在，他還有體力當志工。

生命的關鍵在功能，不在不生病，而是能發揮生命良能。所以談到「優雅老化」，就是要維持自己的身體功能。

從這些長青長者的身上看到，要活就要動，常保熱情和學習，就可以優雅慢老。

六波羅蜜帶入生活　自主管理健康久久

我對優雅老化的定義，就是「活得久、過得好、死得快」，就是要長壽、同時兼顧生活品質，而死亡的時候可以很平順，也就是「老有所安、更有所用」。

要達到這個境界，我借用佛法的「六波羅蜜」帶入健康理念，即一好、二管、三動。一好是好習慣，二管是管好慢性病和營養，三動是運動、動腦、互動。

《靜思語》裏面有句話：「過去的留不住、未來的難預測，守住現在，當下即是。」這就是「前腳走、

後腳放」，高興也罷、不高興也好，對於那些絆住我們的事，就是把它放開。

有名的默劇大師卓別林，在美國賭城表演時講了一個笑話，剛開始大家非常捧場一直笑，他多說幾次之後，大家就不笑了。

這時候，卓別林板起臉來對著觀眾說，你們這些人很奇怪，高興的事，高興了兩三次就不高興了；難過的事，卻難過了一輩子還在難過！

這句話是不是覺得很熟悉呢？很多人都有這樣的傾向，一直在虐待自己。

有個學生很生氣地跟我說：「老師，我三輩子都不會原諒他！」

當時第一個想法就是，「哇！你好慷慨，怎麼會用三輩子跟他糾纏呢？應該三秒鐘就趕快跑才對呀！」不要讓事情拖住不放，養成好的習慣，就是活在當下。

另外一個故事是說，一群修女去世後，將大體捐

給醫學機構解剖。一解剖發現不得了，按照醫學判斷，這些修女的腦部看起來應該都失智了，但是她們過世前並沒有出現失智的行為，也沒有失智的困擾。

解剖的醫師吃驚之餘得到兩個發現：第一是這些修女生活非常規律而且忙碌；第二是當年她們奉獻成為修女，要寫自傳，研究者發現自傳寫得愈完整的修女，失智的情況愈輕微。

這兩點顯示，當你受比較高的教育，或者人生愈多的閱歷、存有正念，「腦的本錢」就愈多，老了之後不容易失智。

所以學習愈多、多接觸新的事物，可以有效減少失智。

醫學上研究，一般平均的失智年齡是七十二歲，如果學會兩種語言，失智的年齡會往後延五歲；如果學第三種語言，失智的年齡又再延後。

這只是學習語言的部分，接觸其他新事物也是一樣。前面提到的蔡寬老菩薩，九十歲開始學習電子書

雖有困難，但只要正向、生活規律、學習新事物，就能延緩老化。

有一句話「物以類聚」，我們的腦細胞也是一樣，一起工作一起發電的腦細胞就會連結在一起，變得愈來愈厚，傳導也就愈來愈快。

所以如果我們起了愈多善心，遇到很多狀況就容易生出善念；如果我們多練習樂觀，面對各種事情的態度也會愈來愈樂觀。

相反的，如果每天抱怨，就看什麼事都不順眼，這就是「習慣」。包括我們的神經細胞也會習慣，遇到事情會跳到樂觀或是跳到抱怨，就看我們怎麼訓練想法和正念。發好願，一定會更健康、更不容易失智。

長者慢病管理 原則中有彈性

在慢性病管理上，以糖尿病為例，老人和年輕人的標準也不一樣。年輕人的血糖值到了 68 mg/dL 可能就會開始頭暈，降到五十幾就會昏倒不省人事，但是

比較年長、超過七十歲的人，可能血糖到 54 mg/dL 時出現頭暈，再降到五十就昏倒了。

這是低血糖休克，嚴重的話，甚至會變成植物人或死亡。

老年人的身體安全指數範圍很窄，所以長者的慢性病管理標準，不能套用一般成年人的標準。

很多病人的子女陪著父母來到診間，要我向他們的父母規定這個不能吃、那個不能吃……以一般年輕人的標準來要求長者，其實是不公平的，甚至對長者的健康有害。

再譬如血壓。血壓夠高，才能將血從心臟打出去，血液足夠打到腦部，就能為大腦帶來養分和氧氣。但對長者而言，如果把血壓控制得「太過標準」，的確是不會造成心臟血管的負擔，但是血液無法抵達腦部，反而會引起失智的風險。

所以，如果自己是超過六十五歲的銀髮族，不要對自己要求太高；如果是為人子女者，也不要以太嚴

格的標準來要求家中的長輩，不但傷了和氣，也不一定對長者有益。

　　醫療團隊就有研究，長者的血糖如果控制得非常嚴格，的確數據非常「漂亮」，但這樣漂亮的數據卻可能讓壽命變短；血壓控制太嚴格，則易造成長者頭昏、甚至跌倒。

　　另外舉一個例子，一般青壯人口，BMI 值（身體質量指數）介於 18.5~24 之間是死亡率最低的範圍，我們團隊曾針對長者的 BMI 值做過研究，卻發現 BMI 值介於 27~33 之間、也就是有點福態的老年人最長壽。比如一個一百七十公分的長者，體重從七十八公斤到九十五公斤之間都是可以接受的範圍。

　　老年人慢性病的管理不要以年輕人的數據來要求，就像開了二十幾年的車子，性能絕對不能跟剛出廠的新車一樣。不要執著於嚴格的數據標準，重要的是讓車子可以持續穩健地行駛，長長久久，才是最重要的。

營養要管理　補充蛋白質

飲食管理方面，衛生福利部國民健康署有一句話說：「健康五蔬果，疾病遠離我。」但臺灣人很聰明，會挑簡單的做，水果容易取得，而且比較好吃，蔬菜比較不容易處理，所以大多數人都少吃蔬菜卻多吃水果，以為吃到足夠五樣的量就可以，但這樣吃下來反而因此吃出糖尿病。

正確的觀念是蔬菜比水果多，水果三餐各吃一個拳頭大的量就可以了。

以前的人因為比較窮苦，所以都是「吃飯配菜」填飽肚子，現在則建議長輩們「吃菜配飯」，一來多攝取纖維質、也可以控制澱粉量，尤其是有糖尿病的長者，更可以這樣吃。

臺灣人體內最容易不足的微量元素包括維生素D、B12、鈣等，B12是素食者容易缺乏的營養素，但容易補充。維生素D則是全臺灣都缺乏，百分之九十八的國民都缺乏維生素D，所以要多晒太陽。

　　而三大營養素（醣類、蛋白質、脂肪）中，蛋白質也是國民容易缺乏的營養，尤其是老人家。

　　大家都會說，現代人都大魚大肉，怎麼可能缺蛋白質？

　　其實，大魚大肉不等於蛋白質，人體每十公斤體重每天約需要一份優質的蛋白質，等於一位六十公斤的成年人，一天需要六份優質蛋白質，大部分的人其實攝取量都不足。

　　如果您屬於奶蛋素的素食者，可以多吃些奶或蛋，不吃奶的人可以多喝豆漿補充蛋白質。

　　有足夠的蛋白質才能長出肌肉，就算有很好的骨本，還是要靠肌肉來作用，才能行動敏捷不會退化，所以好好地補充蛋白質是必要的。

　　有關蛋白質，還有幾個重點：一是分開吃，三餐都要吃到蛋白質；二是運動後半小時補充優質蛋白質，長者一天須補充的蛋白質量，每十公斤體重需要一份（大約手掌大小）的蛋白質。

要活就要動　人腦可訓練

第三，談談運動。基於某種原因，人類演化成需要更多運動，身體才能正常運作的物種。

「要活就要動」，一天要做三十分鐘運動，每週五次，每次的強度達到每分鐘心跳一百三十下，如果能做多重複雜運動就更好，例如身體運動也能動腦，跳舞就是很好的運動。

如果真的沒辦法運動，就要藉著自己的「勞動」或「活動」來運動，稱為「非運動式活動療法（Non-Exercise Activity Thermogenesis）」。譬如炒菜，我們可以翹一隻腳起來炒。

因為大部分的長者不太可能一個星期上五次健身房，所以隨時隨地都可用自己方便的形式來運動，將運動生活化，比如慈濟的環保站就是一個很好的健身中心。

環保站裏不但要動手、動腳，資源分類也要動腦，並且有人與人之間的互動。

　　因此，已經有以環保活動為基礎結合復健運動模式，導入社區關懷據點，為高齡者身體活動功能表現影響的研究，證實了在環保站的長輩們，握力會增加、坐站五次的速度會增加、柔軟度會增加、計時起走測試速度變快、走路速度也會變快。

　　科學上也證實，握力與走路速度與一個人的壽命有關，所以做環保是一個非常好的運動。

　　過去科學界都比較強調要練肌肉、體力要很好，較少提到認知訓練。但華人就不太服氣，認為身心應該是一起的，而且腦部的營養是身體在給，所以身心應該是一起變老。

　　證嚴法師說：「身體天天活動，腦力天天活絡。」所以只有吃得好、身體運動是不夠的，也要動腦，這就是所謂的「神經可塑性（Neuroplasticiy）」，用進廢退的道理，所以腦筋是愈用愈好的。

　　因此我們看看一個慢老要素——動腦。科學上有這樣的證據，讓一個人練習雜耍拋接球，他本來不會

丟，但讓他持續練習到可以在空中維持三顆球的狀態，前後比較三次電腦斷層和核磁共振，發現影響左右顳葉、左頂葉灰質結構，腦部影響空間和失智的海馬迴區域比較厚。

然後請他三個月都不要練習，三個月後再測一次，結果發現真的有影響，海馬迴的區域又變薄了！

更直接的證據從倫敦的計程車司機而來，倫敦是一個街道非常複雜的城市，考照是要記地圖的。

研究發現倫敦的計程車司機腦部的後海馬迴都比一般人來得厚，而且計程車的駕駛年資與後海馬迴體積成正比。

可見我們的腦可以被訓練。另外，學新技能對腦部的影響，比重複老技能來得大，類似肌肉的「用進廢退」，是可以訓練的，就像前面蔡寬老菩薩的故事，學習新的事物，可以讓腦細胞活化。

最後要講的是互動。孤寂會讓一個人死亡。英國在二〇一八年一月十七日設立了全球首位「孤寂部長」

（Loneliness Minister），英國政府全面推廣孤寂衛教、加強人際網絡連結、篩選孤寂高風險族群等作為，希望能消除孤寂。

我們的爸爸、媽媽雖然有時候會吵架，但他們目前都很健康，所以如果家裏有個會吵架的老伴，我們要好好珍惜。還有一個重點是「工作久一點」，研究顯示，每增加工作一年，就減少百分之五的失智機率。

另外就是讚美，某位醫界先進看到每個人都笑瞇瞇的，學生、同事跟病人都很喜歡他。

我有一個學長也是神經內科醫師，當年神經內科對我們來說並不是最好的選擇。我曾經問他：「學長，你為什麼選神經內科？」他回我：「哎呀！主任說我是百年難得一見的人才！」

這位醫界先進因為常讚美人，所以身邊充滿了很好的能量。我們華人其實都喜歡聽好話，但是很奇怪，卻不習慣對別人說好話。

所以，人一瞬間變老，是哪一瞬間呢？不是從第

一道皺紋、第一根白髮開始，而是從放棄自己那一刻開始。

　　如何優雅慢老，並不是說不會老、凍齡就是成功，而是我們如何順應自然法則，讓身與心可以愉悅健康地迎接老化。

　　大家相互學習，希望都能騎著自行車，用正向的心和健康的身體，迎向自己的老年，做一個有用、有尊嚴的長者。

健康六波羅蜜之一

【好睡眠】

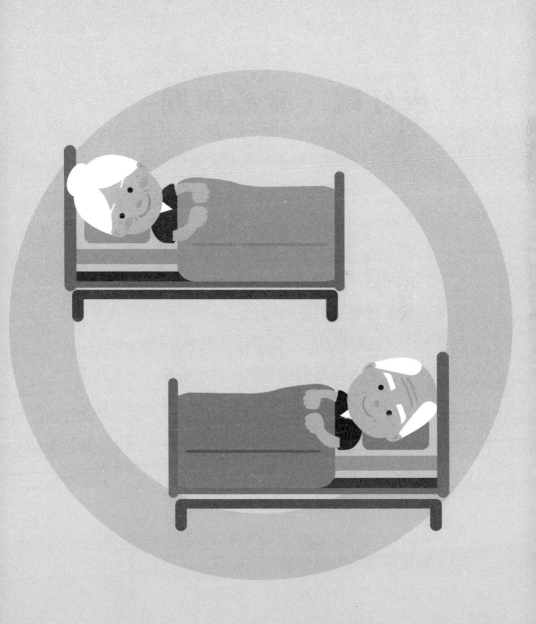

一夜好眠，身心康健

花蓮慈濟醫院副院長暨高齡醫學中心主任　羅慶徽

「睡得好，人慢老。」醫學研究發現，睡眠對人類健康扮演著舉足輕重的角色，沒有好的睡眠品質，就算是注重運動和營養，效果也會減半。

在接觸老人醫學的過程中，發現臺灣人失眠比率居亞洲之冠，平均每五個人就有一位失眠，一年吃超過十三億顆安眠藥，費用超過十億元。

失眠的比率也隨著年齡而上升，很多長輩都遭遇到睡眠問題，往往比我們想像的嚴重很多，而且求助無門。

睡眠障礙分為原發性和次發性，原發性就是找不到任何原因，但就是睡不好、甚至睡不著；次發性則

可能因為心理或生理的因素導致，影響了睡眠品質。

舉一個次發性失眠的案例：

前不久，我的一個病人出了事，她是一位老太太。接到通報後，我到急診室去看她。家人說她要自殺，因為她把一個月的安眠藥全部吃完後，還吃了兒子的安眠藥。

但她看起來實在不像是要自殺的人，待我仔細跟她聊過後──破案了！

原來，她已經超過半年的時間，沒辦法好好地睡一覺。每天晚上要起來上廁所五、六次，嚴重影響睡眠，她負氣吞下所有的安眠藥，其實只是想好好睡上一覺。因為藥量太重，早上家人叫不醒老太太，把她當成自殺。收治住院檢查後，發現老太太有泌尿道感染，因為沒有發燒、出現典型感染症狀，所以之前求醫時都被忽略了。

但頻尿就是滿明顯的症狀，給予適當的藥物治療，隔天晚上奶奶就一覺到天亮，等到查房的時候，

奶奶看到我笑得嘴角都要咧到耳朵了。

　　所以，有時候次發性（有潛在原因）的失眠，只要把主要的問題解決，其他的事就迎刃而解了！

　　人的身體就像機器一樣，用久了總會有些地方螺絲鬆脫或是零件故障，也可能會馬力或動能不夠；年紀大了，身體機能大不如前，睡眠就像每天定期的小保養，藉以修復身體。

　　對中老年人來說，睡得好不好，不但會影響隔天的精神，若長期失眠，血壓、血糖以及其他身體機能都會受到影響，連失智都跟睡眠有關係。

　　人體這個機器需要保養，尤其老年人的身體更是要細心呵護，才能延長保固。

睡眠的奇幻之旅：了解睡眠構造

　　圖示是人類的睡眠週期，或稱為「睡眠結構」，從入睡開始，睡眠結構分為「非快速動眼期（不做夢的睡眠）」和「快速動眼期（做夢的睡眠）」；「非

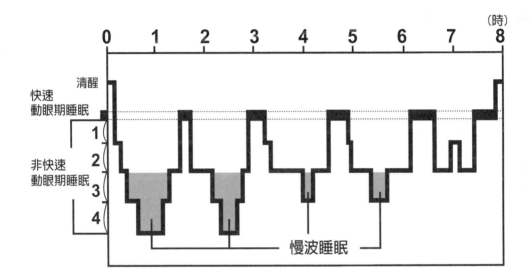

圖 睡眠的構造

快速動眼期」又分為「淺眠期」和「深眠期」。

非快速動眼期的第一期、第二期，稱為「淺眠期」，接著是非快速動眼期的第三期和第四期，叫做「深眠期」。

非快速動眼期主要是腦部的休息時間；之後，則是接著「快速動眼期」，屬於身體的休息時間。「非快速動眼期」和「快速動眼期」組合成一個完整的睡眠週期，一個晚上平均會經歷五個這樣的週期，每個週期約九十分鐘，故大約八個小時的睡眠。

其次談到睡眠與學習的關係。睡眠期間是大腦處理白天運作時接收的各種資訊的黃金時刻。長者特別害怕自己記性不好，而睡眠品質恰恰是影響記憶的關鍵因素。

學習前睡飽，把學習能力（記憶空間）準備好。

大腦裏有一個「海馬迴」，白天的記憶都儲存在海馬迴裏，海馬迴是短期記憶儲存的地方，就像一個

信箱，什麼東西都投進來。在睡眠的「淺眠期」時，會將海馬迴裏的訊息都清除乾淨，好空出容積讓新的訊息進來。

　　為什麼經常熬夜會導致記不住所學？小時候熬夜讀書，即使勉強記下來也很快就會忘掉，就是這個原因。大部分非快速動眼的淺眠期發生在上半夜，熬夜耗用了淺眠時間，海馬迴空間未被清空，新訊息進不來，就像家中信箱塞滿了，新的信件就沒有地方投遞，記不「進」新知識。

學習後睡飽，幫助記憶鞏固。

　　「深眠期」是將白天吸收到的知識或有用的訊息，從海馬迴這個信箱裏運到皮質層，把這些有用的知識「歸戶」，記憶就會被永久保存下來，內化成自己的東西，這像我們幫新檔案按下「儲存」鍵，叫做記憶鞏固（memory consolidation）。

為什麼要做夢？

「快速動眼期」用現代話來講，就是將各種資訊上傳雲端的意思，變成「潛意識」。

潛意識可以將各種不相關的訊息、現在和過去天馬行空的資訊相互連結，激發創意，這個時候是腦部最有創作力的時候。

很多人常常一覺醒來，突然想到一首好曲子或找出了解題的方法，甚至夢中的靈感激發出很多好點子，解決了白天的困難。

快速動眼期是人類創造力的來源，很多科學家睡覺起來就有重大發現，或音樂家創作了新曲，據說披頭四樂團的名曲〈Yesterday〉就是在睡覺時做出來的。

快速動眼期也是「療癒」時間。小時候遇到挫折、長大夫妻吵架，都要透過快速動眼期的夢境釋放壓力，讓精神恢復彈性。

有些人做夢時會說夢話、會罵人，可能罵的就是白天不敢罵的人，將白天現實裏想做卻不能做的事合

理化，透過夢境將白天的壓力釋放開來。

　　所以，有時候雖然做了惡夢，醒來時反而覺得比較放鬆了，科學界稱這種是利用睡眠來遺忘特定記憶（sleep to forget）。

　　有的病人會問，「我為什麼每天做夢？」似乎夢太多也是困擾。

　　我都告訴病人會做夢才好，有時候起床只是忘記了夢境，以為自己沒有做夢。

　　非快速動眼期和快速動眼期的一次循環大約是九十分鐘，一般人通常一個晚上會經歷四至五次循環，然後在最後一次快速動眼期結束後、接近天亮時清醒。

　　如果太晚睡，犧牲了非快速動眼期的腦部休息時間，或太早起床，沒有經過快速動眼期、就沒有時間做夢，醒來時可能就會覺得睡得不好、不夠放鬆。

　　一般成年人一個優質的睡眠，一定要經過四至五個循環週期、每晚約八小時、睡好睡滿才夠。

　　另外民間所謂的「鬼壓床」，多發生在快速動眼

期。因為這時候身體進入深度休息，肌肉全都放鬆，但卻是腦部最活躍的時候，正在做夢，假如夢境很鮮明但身體動不了，就容易感覺好像被壓住了，並不是真有「鬼壓床」。

綜合以上所說，人類需要充分的睡眠，而且睡眠的每一階段都有不可取代的功能，充足優質的睡眠對長者更加重要。

睡眠與抵抗力：優質睡眠，培養足夠戰鬥力

指導的住院醫師曾問我，「老師，為什麼我們巡房遇到癌症病人，你都會叫病人要睡好？」這是因為自然殺手細胞（Natural killer cell）就是我們體內的○○七，負責把潛伏的不良分子揪出來一槍斃命。

科學家發現，如果睡眠從八小時減成四小時，只要一天，殺手細胞就會頓失百分之七十；假使體內原本有一百名非常厲害的殺手細胞，只剩下三十名，要怎麼打仗呢？如何抵抗病菌及癌細胞？

　　因此對抗癌者來說，睡眠對培養體力戰力非常重要；對一般沒生病的人，失眠長者容易走向衰弱，甚至生病、失能。睡眠的重要性也就不用贅述。

　　曾經有人做過研究，將引起感冒的鼻病毒種入受試者體內，結果睡眠只有五到六小時的受試者，大概百分之五十的機率會感冒；如果是睡足八個小時的受試者，感冒的機率就降到百分之十八，這個研究非常有趣。

　　二○○二年流感病毒的抗體研究也發現，有抗體代表我們對病毒有抵抗力，在前一週每晚只睡四個小時的健康民眾，有百分之五十產生抗體，但睡七到九小時的人則高出許多。

　　可見，優質睡眠對長者對抗疾病多麼重要、有時可能是唯一的憑藉，沒有優質睡眠，就沒有均衡的免疫力，對抗疾病有如空手對猛虎，輕易就敗下陣來。

　　睡眠裏有好幾種激素作用，除了褪黑激素會在黑暗中讓人熟睡之外，另外在熟睡期時腦波較慢，是大

腦深度休息的時候，這時候腦部會分泌一種「生長激素」，一般在前半夜，也就是夜間十一點到凌晨兩點之間的濃度最高。

我們睡一覺起來感覺容光煥發，皮膚細膩有光澤，就是生長激素的作用。所以常常聽到說要早點睡，睡「美容覺」就是這個意思。另外，俗語說「囡仔一暝大一寸」，也是因為優質睡眠分泌足夠的各種激素，幫助人體成長。

年紀大了之後，褪黑激素和生長激素都會衰退，所以更應該好好把握睡覺時間，否則，睡眠問題可能雪上加霜。

在排除毒素方面，較著名的有膠淋巴系統（glymphatic system）及腺苷（adenosine）。膠淋巴類似我們的淋巴系統，會把身體內的髒東西排出體外，這也是身體發炎時，淋巴結會腫痛的原因。

膠淋巴系統負責把腦部神經工作時的代謝物收集後，排出體外。令人驚訝的是，在睡眠中非快速動眼

深眠期，排空效率提高了十至二十倍，這種深度清除，正是我們次日清醒後，可以再度有效率工作的原因。

此外，睡眠能減少心臟疾病的發生。

全球有七十個國家十六億人口，每年兩次實施日光節約時間（Daylight savings time）。夏天，當少掉一個小時的睡眠，次日心臟病發的人數上升二十四個百分比；秋天，當多一個小時的睡眠，次日心臟病發的比率下降約二十一個百分比。

類似的趨勢呈現在車禍及其他交通事故，甚至自殺率上。

睡眠不足，改變基因活動和表現

研究證實，長期睡眠不足，會侵蝕我們的生命根本要素：基因。

英國的學者比較同組健康成人，連續一週每晚睡六小時，與連續每晚睡足八小時比較。發現睡六小時的人，多達七百一十一個基因的活動發生改變；其中

一半是掌管免疫功能的基因表現變差；而另外一半掌握慢性發炎、腫瘤增強、新血管疾病的表現卻增強。

後續的研究進一步發現，缺乏睡眠會藉由基因的表現造成高密度脂蛋白（HDL，俗稱好的膽固醇）下降，進而造成心血管疾病的發生與惡化。

因此，在某種意義上，如果我們不好好睡覺，會讓基因表現產生巨大的改變。「忽視睡眠，相當於每晚對自己的基因做出改造！」人類討厭基改食物，卻常常縱容自己每晚改造自己的基因，成為免疫力降低、容易致病的體質。

那麼，「要睡多久才夠？」「睡得太少會不會生病？」這些問題病人也常問我。

其實答案因人而異，需要根據年齡調整。但如果睡眠量少於四次循環，也就是約六小時，若非天賦異稟，對身體而言不會有充分的休息。

年輕人需要很多的睡眠，睡眠時數愈少、罹患疾病風險愈高，而且也愈容易發胖。成年人則不同，睡

得太少或太多，都對身體有不良的影響。

　　老年人又需另外看，老年人少睡一些的疾病風險不若成年人高，但睡太多（九小時以上）也有問題，表示身體可能有某些隱藏的疾病而體力衰弱。

　　歷史上有些名人都睡得非常少，每晚只睡四小時，包括拿破崙、亞歷山大大帝、愛迪生、雷根總統和柴契爾夫人。

　　拿破崙和亞歷山大大帝都英年早逝，雷根總統和柴契爾夫人老來受失智所苦，愛迪生則是白天不停打瞌睡。另一位科學家愛因斯坦則睡得很多，都睡九小時以上。

　　一般六十五歲以上銀髮族的睡眠時間被認為比較少，但依據美國國家睡眠基金會整理了全球的睡眠與健康狀況，提出的理想睡眠建議時數顯示，長輩的睡眠總時間和一般成人所需睡眠量變化不大，但長輩的睡眠會減少熟睡期，增加入睡後的淺眠時間及醒來的頻率。

　　因此，建議長輩都能睡七個小時左右，如果一週內無法每天都達到這個睡眠量，至少三到四天要睡足，而適當的運動可以增加高齡者熟睡的比例。

　　我也鼓勵長輩適當運動，特別在下午運動比較適合，白天光線好，而且長者的體溫相對高於清晨及晚上，不易受傷。若太晚運動，運動完體溫會變高，比較不利於睡眠。

　　睡眠量本來就因人而異，而最好的檢驗標準就是——早上起床時覺得「神清氣爽」，這樣就表示質量都足夠了！

　　我個人是非常需要睡眠的人，而且常常覺得一覺醒來，原本的難題都可以很快想到辦法，所以當遇到一時解決不了的事，我就打趣說「我要去睡覺」。

啟動優質睡眠：準、累、鬆

　　啟動優質睡眠三大原則：第一是作息要「準」時（regularity），第二是累積足夠的睡眠壓力（Sleep

pressure/Drive to sleep）要夠「累」，第三是身心要放鬆（Be relax）要夠「鬆」。

如果要睡得好，就要盡量做到這幾項。第一是「規律」，前面提到的睡眠週期，包括非快速動眼期和快速動眼期，如果不規律的話，有時候晚睡或太早起，就會分別剝奪前段與後段的睡眠週期，造成睡眠不完整而感到疲累。

優質睡眠第一招，規律有助調控睡眠和清醒——要準。

多年前，我的學生在開學前來門診「消業障」。原來暑假時每天都想睡才睡、想醒再醒，作息大亂，希望老師在開學前幫忙「調時差」。

我經常鼓勵他們去郊外露營一星期。真正的露營，要「日出而做、日落而息」，學生們至今反應不錯，開學後也多能回到正常作息，認真學習。

生理時鐘就是白天太陽升起時開啟我們的「近日

節律」，也就是清醒驅力。

陽光經過角膜，到達大腦裏的「視叉上核」，「視叉上核」是大腦的睡眠總司令。

總司令向後下達指令，再經過下視丘到達松果體，松果體就是分泌褪黑激素的大本營，此時松果體經過陽光照射後，會開始抑制分泌褪黑激素，直到傍晚，再重新分泌。

如果長輩有白內障或是白天缺乏陽光照射，褪黑激素就會繼續分泌，導致一直昏昏沈沈，時間無法歸零從頭開始，造成作息混亂。

所以，一般建議白天要多接觸陽光，一早起床先將窗簾拉開、打開窗戶，讓陽光進入室內，並在光線不會太炙熱時，到戶外接觸陽光。

依據研究，在完全無光的環境中，人體的近日節律接近二十五小時，長於日光起落的二十四小時，所以人類藉由每天清晨照光，可以重新設定生理時鐘的規律，才能使我們在夜間入睡。

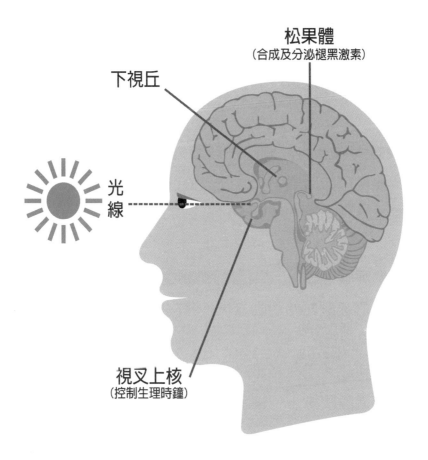

圖 白天生理時鐘的調整原理

　　所謂「道法自然」，我們應該向大自然學習「日出而做、日落而息」，長輩不能因退休而作息大亂，反而應養成規律作息，才能有健康身心，也才可能優雅慢老。

　　根據大自然和人體的生理時鐘，睡覺一定要規律，不能像刷信用卡一樣，先欠銀行一大筆債務，月底再還，睡眠債（壓力）是沒辦法一次償還的。

　　優質睡眠第二招，累積足夠睡眠壓力——要累。

　　當我們睡醒開始活動之後，體內就會開始產生腺苷這種化學物質。

　　腺苷可以比喻成毒素，當毒素增加到一定濃度，一定要透過睡眠排毒，讓我們愈來愈想睡覺，這就是「睡眠壓力」。

　　常有長者說：「晚上睡不著，可是大家又叫我白天不要補眠，真殘忍！」

　　另外，「聽說慈濟人救濟全世界一百個左右的國

家地區，時差問題不大，真的嗎？」答案就在「睡眠壓力」中。

調控睡眠和清醒的兩項因子，是「近日節律」和「睡眠壓力」的交互作用。當「睡眠壓力」升高，我們就需要休息。

腺苷製造了想睡的壓力，我們清醒愈久，累積愈多腺苷。早上剛起床時的腺苷濃度最低，逐步累積到晚上十一點左右最高，促使人們進入夢鄉的強烈欲望。

通常白天愈勞累，消耗體能愈多，睡眠壓力就累積愈快愈多，所以運動或體力勞動有助睡功能。

同樣的，世界各地的救災團隊或慈濟人，救災時即使有時差，但是看到災民們受苦，馬上配合當地作息盡心盡力救災，累積強大的睡眠能量，當然容易入睡了。

人類的生理時鐘週期，有兩個時段會有想睡覺的「睡眠壓力」，一個是晚上就寢時間，一個是中午過後可能會有倦意，這兩個時段就是腺苷濃度增高而清

醒驅力較低的時候。

　　白天累積適當的睡眠壓力有助於晚上好好休息，如果一天中睡太多次，降低了睡眠壓力，可能會打亂生理時鐘，不利於晚上睡眠。

　　所以強烈建議銀髮族在白天可以小睡一下，但最多一次，而且不超過三十分鐘。

　　前面提到的打盹大王愛迪生，雖然睡眠少，但他很會利用白天的小睡，而且都維持在淺眠狀態，被稱為「天才之隙（The genius gap）」。

　　聽說愛迪生會坐在有扶手的椅子上，手上拿一顆球，並在球下放一個鍋子，小睡時讓自己放鬆進入睡夢中，但只要開始做夢肌肉放鬆，球就會掉下去，打在鍋子上，他就會被吵醒。

　　小睡一下恢復精神可以，但千萬不能本末倒置，因為不論再優質的小睡或淺眠，都無法取代夜間好好睡一覺的睡眠。

**優質睡眠第三招，身心放鬆，睡覺皇帝大！——
夠鬆。**

有的人睡前會「每日三省吾身」，或是想著工作、
操心大小事，腦袋靜不下來，常常造成心理壓力甚至
失眠。擁有良好睡眠品質的第三點，就是要放鬆心情。

可以自己創造一個睡眠儀式，暗示身心睡眠時間
到了，更能幫助入睡。

人腦的結構中，比較外層的皮質部分稱為「社會
腦」，處理日常生活中的大小事；比較深層的腦幹、
中腦是「睡眠腦」，所謂的睡眠儀式，就是將大腦從
社會腦的運作轉換到睡眠腦，告訴大腦現在要休息了。

我有一個學生很厲害。她是一個女強人，每天晚
上一到九點半，不論有什麼還沒完成的工作，她都不
做了。她告訴小孩，要簽聯絡簿或要檢查功課，都要
在九點半前拿來給媽媽，九點半後媽媽就「下班了」！

其實這就是她的睡眠儀式，她九點半結束所有事
業與家庭的工作，稍微盥洗或舒緩身心，接著就能入

睡。女性朋友應該向她看齊！

　　人體的自律神經系統（Autonomic nervous system），就是神經自己管自己，無法由我們的意志控制的活動，包括心跳、呼吸、器官運作、體溫調節等。

　　自律神經又分為負責興奮、內分泌和身體活動的「交感神經」以及放鬆身體的「副交感神經」，只有在睡眠時，我們的自律神經才能稍微休息。

　　自律神經正常運作，人體的賀爾蒙、激素才能正常，包括生長激素、保持情緒穩定的血清素以及良好新陳代謝的瘦體素，都要在良好睡眠時才能正常穩定分泌。

　　所以要睡得好，睡前兩小時不要進食、運動，這些都是刺激交感神經的行為。

　　在睡前儀式中，可以活化讓人放鬆的副交感神經，儀式可以很簡單，譬如睡前喝一小杯水、調整呼吸、做些輕鬆的閱讀、和緩的肢體舒展等，不要掛心家事和時事，睡前務必放空。

　　前面說過，睡眠可以清空腦中不必要的訊息，因此只要讓自己好好睡一覺，那些擔心也沒用的事，就將它留給明天消散吧！

　　銀髮族最重要的好習慣就是生活規律，擁有優質的睡眠習慣和質量，就是生活規律的第一步。

　　人類是按照習慣行事的生物，若能養成規律的睡眠，才能進一步擁有健康的身體，做好運動、營養和慢性病的管理，迎接健康快樂的銀髮生活。

▍■ 睡前不該做的事情

1. 睡前一小時內使用電子產品，例如：玩電腦、看電視、滑手機。
2. 喝酒助眠，或是吃消夜。
3. 睡前兩小時內劇烈運動或洗完澡馬上睡覺。
4. 躺在床上檢討今天或是計畫明天的事情。
5. 二十分鐘內睡不著卻躺在床上。

■ 睡前該做的事情

1. 定時定量。

2. 打造安靜、黑暗與相對冷的環境。

3. 發展個人的睡眠儀式並放鬆身心。

■ 睡眠 Q & A

Q：請問以酒助眠好嗎？

A：非常不適合。酒精只能讓人昏睡，得不到優質及深度睡眠。

的確很多人相信夜間小酌可以幫助入睡，甚至一夜好眠。但是這兩種情形完全不存在，這是人類誤解最深的「助眠劑」。

酒精是一種「鎮靜劑」（sedation），它會與腦中的受體結合，防止神經元送出電流，進而達到鎮靜的功能。

但是這種說法常讓人困惑，因為適量飲酒可以幫助人們熱絡交流，為何鎮靜劑會讓人活躍呢？這是因

為酒精在作用初期，會讓協助人類克制衝動行為的「前額葉」（prefrontal cortex）鎮定下來，於是我們開始敞開胸懷，變得輕鬆、外向。

但是酒精針對腦部某些特定區域仍然具鎮定作用，如果讓酒精作用更久一點，就會開始對其他腦區產生鎮定效果。

這些腦區和前額葉皮質一起進入恍惚狀態，我們也開始隨著酒精濃度增強及時間加長而變得遲鈍，這就是酒精對腦部的鎮靜效果；人們維持清醒的能力下滑，甚至失去意識。

事實上，酒精的鎮靜作用無法引導自然的睡眠。腦波實驗室發現，酒醉後的腦波比較接近輕微的麻醉，而與自然睡眠的腦波大異其趣。

科學家發現，酒精還以另外兩種方式破壞睡眠。

酒精抑制快速動眼期。酒精代謝產生的醛類，會阻擾腦部產生快速動眼睡眠（做夢的睡眠）的腦波脈動；只要在下午或是傍晚喝下少量的酒，就足以剝奪

睡眠週期中的做夢階段。

　　在酗酒者身上更發現該族群的人在飲酒之後，幾乎無法觀察到任何快速動眼睡眠。

　　長期缺乏做夢階段的睡眠，將使快速動眼睡眠的需求愈積愈高，這種壓力堆高到一定程度，將造成可怕的後果——某些酗酒者在清醒的時段，仍被夢境強行入侵，壓抑過久的快速動眼睡眠壓力一發不可收拾，侵入醒著的意識中，造成幻想、失去方向感等。

　　其次，飲酒造成睡眠片斷化，夜裏經常醒來。不管是口渴或因利尿效果多次起床，酒後的睡眠是不連續的，因此缺乏修復效果。

　　不幸的是，當事人經常不記得自己曾經醒來，因此這些中斷容易被忽略，於是大部分的飲酒人很少能把前一晚的飲酒及其造成的睡覺干擾，和第二天的宿醉連在一起。

　　因此，任何人都應該避免以酒精助眠，而有睡眠障礙的人，則應該避免睡前小酌。

Q：請問三餐後喝一杯咖啡會影響我的睡眠嗎？

A：可能有很深的影響！建議下午兩點以後不再喝咖啡。

咖啡的作用在於「鳩占鵲巢」式地搶奪了腦中本該接受腺苷的位置。

腺苷與其受體結合恰是引發人們想睡的效應，咖啡因一旦占領這些受體，並有效使這些受體無法再與腺苷結合而引發一連串睡意，原本應該非常想睡覺，結果卻被咖啡因矇騙，反而覺得清醒。

我們喝下咖啡後的半小時左右，體內循環的咖啡因濃度會達到高峰。

問題是咖啡因在體內會維持多久？我們借用藥物動力學常用的「半衰期」理論來說明，半衰期指的是身體去除一半藥物的濃度所需要的時間。

咖啡因的半衰期大約六小時，假使張伯伯晚間七點餐後喝一杯咖啡，這表示到凌晨一點左右，張伯伯體內還有百分之五十的咖啡因在腦部循環，這當然影

響睡眠，也就連帶影響次日的精神。

　　因此，我們建議長輩盡可能在下午兩點後不要喝咖啡，而某些學者則建議長者可以早上喝咖啡、下午喝紅茶。

　　另外，咖啡因不僅存在咖啡裏，也在茶、能量飲料、可樂、某些食物（如黑巧克力、冰淇淋等），甚至減重藥、類固醇、止痛藥等藥物中。

　　患有睡眠障礙的長輩要注意自己有沒有不當使用這些「隱藏版的咖啡」。

　　我們更應該清楚知道，「去咖啡因」並不等於「無咖啡因」，一杯去咖啡因的咖啡常含有百分之三十左右、甚至百分之五十的咖啡因量，並不是無咖啡因。我們喝下三杯去咖啡因的咖啡，對於當天睡眠的破壞力可想而知。

　　年齡增長也減慢咖啡因的清除速度，長輩睡眠受咖啡因干擾愈明顯。我常聽長者說過去喝咖啡照樣睡，多少歲後就睡不好了。

Q：為什麼滑手機會影響睡眠？

A：現代睡眠品質不良的最大因素可能是光線，而手機螢幕的藍光 LED 是人造光中危害睡眠的頭號戰犯。人類是以視覺為主的生物，大腦用來處理視覺訊息的區域超過三分之一，比起用在聲音、氣味、語言與運動的部分多很多。

早期智人（Homo sapiens），大部分的活動在日落之後就會停止。人類照明的發展，由火的發明開始，經蠟燭、煤氣燈、油燈的發明，逐步豐富我們的夜間生活，也逐步影響人類的睡眠和清醒時間，愈演愈烈，人類的睡眠質量也每況愈下。

一八七〇年代，愛迪生推動燈泡商業化，使白熾燈得以廣泛使用，數十年後又有螢光燈，自此人類的夜晚不再黑暗。

人體睡眠的生理時鐘，主要依據光線明暗來運作；當太陽光（或人造光線）增強時，褪黑激素減少，容易自然清醒；當黑夜來臨，光線變暗，褪黑激素增加，

讓人逐漸有睡意。

因此，夜間的人造光會讓我們的身體誤以為仍是大白天，學者們發現，狩獵採集部落的自然睡眠發生於晚間八點到十點之間，而現代人則平均延遲兩到三小時才發生。

現在電子產品盛行，研究發現，（平板）電腦、手機螢幕、LED燈泡光線的藍光是所謂的短波長光線，對褪黑激素分泌影響最大，而且經常在距離瞳孔三十公分內長達數小時，這必然減少褪黑激素的分泌，造成實質影響。

最近研究發現，在相同條件下，睡前看紙本印刷與平板電腦閱讀的人比較，後者的褪黑激素分泌降低到只有前者的一半，而且釋放延遲達三小時；也就是在平板電腦上閱讀者，褪黑激素的高峰不會在半夜前到達，要一直到快天亮的凌晨才發生。

顯而易見的，相對於紙本使用者，使用平板電腦的人要花更多時間才能入睡。

　　因此，我們睡前至少一小時要避免使用電子產品，如果非使用不可，可以在電子產品上安裝軟體，以便隨著夜晚降臨逐步減少有害的藍光。

　　另外，也可以換上波長較長的紅光眼鏡。當然，夜裏應採用較暗的室內燈光，睡眠時則盡可能維持整夜黑暗。

Q：我要怎麼知道自己到底有沒有失眠？

　　A：失眠是當睡、得睡，卻睡不好。每個人都有睡不好的時候，如果連續三個月以上，每星期有三個晚上以上發生不易入睡或睡眠中斷的情形，不但對睡眠品質不滿意，也影響了白天的生活，就可以尋求醫師診治，判斷是否真的失眠。

Q：我因為攝護腺肥大，長期半夜一直起來上廁所，這算不算失眠？

　　A：這是一種次發性失眠，因為身體疾病中斷睡

眠，譬如憂鬱症、關節炎、攝護腺肥大、胃食道逆流等，除了精神相關的問題，內科以疼痛、心血管疾病、呼吸系統和關節炎最容易影響睡眠。

　　如果長輩有生理上的問題，可以請醫師幫忙，或許就能一次解決身體和睡眠的問題。

　　睡眠和疾病互為因果，譬如血糖高會睡不好，睡不好，自主神經興奮又讓血糖變高；疾病和睡眠問題處理不好會造成惡性循環，打壞了規律的生活，也讓健康惡化。

　　除了疾病本身，治療疾病的藥物也可能是睡不好的原因。

　　譬如止痛藥可能會讓肚子不舒服，臺灣的止痛藥含有類固醇，會讓人精神比較興奮。氣喘藥物含有支氣管擴張劑與類固醇，有的長者服用之後可能造成精神興奮。

　　此外，一些洗腎長者或白天在護理之家的長輩，常常利用白天小憩，若白天睡眠較多，也會造成晚上

的睡眠問題。

Q：有失眠的問題，到底能不能吃安眠藥？

A：「兩害取其輕」、「當省則省、當用則用」。會有長輩很擔心安眠藥的問題，但又面臨失眠的困擾，反而更加焦慮。

權衡之下，兩害取其輕，短暫的使用是需要的。就像我們近視需要戴眼鏡一樣，大家都不喜歡戴眼鏡，但不戴就看不到。

服用安眠藥一定要經過醫師評估，給予最適合的藥物。建議長輩們不要長期吃，療程以不超過一個月為宜；再來是間歇性服藥，一個星期休息幾天，譬如吃五天休息兩天，比較不容易成癮。

此外對症下藥，不容易入睡的人要吃短效型的安眠藥，睡到一半容易醒來的人就吃中效型的藥；採取最低的有效劑量，再慢慢調整。

▌█ 健康睡眠的十二項守則

節錄自美國國家醫學圖書館醫療訊息網站（National Library of Medicine US, summer 2012）：Tips for Getting a Good Night's Sleep.（如何睡個好覺）

1.　遵守規律的睡眠時間。

2.　每天運動至少三十分鐘，但要在睡前二至三小時結束。

3.　遠離咖啡因和尼古丁。

4.　避免睡前飲酒。

5.　避免太晚吃大餐、喝太多飲料。

6.　可能的話，不要服用會延後或干擾睡眠的藥物。

7.　不要在下午三點後睡午覺。

8.　睡前要放鬆，不要把事情安排得太滿。

9.　睡前泡個熱水澡，泡澡後體溫降低可以幫助入睡。

10. 臥室要黑暗、稍涼、沒有電子產品。

11. 適度晒晒太陽，盡量在戶外晒三十分鐘陽光。

12. 不要醒著而仍躺在床上。

健康六波羅蜜之二

【慢性病管理】

慢性病管理，因人制宜

花蓮慈濟醫院老年醫學科主任　高聖倫

　　阿好姨身體之前都很健康，沒有什麼大毛病，但最近在常去的社區據點測量血壓，卻發現血壓愈來愈高，常常收縮壓高到一百四十以上。

　　好友們建議她趕緊就醫，之前在同個社區據點的王伯伯，就是高血壓沒發現也沒治療，有一天突然腦溢血昏迷送醫，如今臥床都要家人照顧。

　　阿好姨懷著忐忑的心到老年醫學科門診看診，醫師要她先別緊張，並安排相關檢查，同時請她自我測量血壓並記錄，後來診斷她確實罹患高血壓，不過這是常見的一種慢性病。

　　幸好阿好姨有規則量血壓的習慣，早期發現血壓

變化，只要配合改善生活習慣和接受治療，血壓可以
獲得很好的控制。

　　常見的老年疾病，依照生病的型態和病程，分成
急性病及慢性病兩大類。

　　急性病通常病程進展很快，大部分會有明顯的不
舒服，例如常見的感冒，會有流鼻水或咳嗽等症狀，
警告我們盡快就醫，急性病經過適當治療，通常就會
恢復健康。

　　慢性病進程緩慢，可能數月或數年累積演變而
來，早期沒有明顯症狀，因此疏於發現，等到症狀明
顯才會被診斷出來。

　　和急性病不同的是，大部分慢性病無法治癒，只
能藉由現代醫療控制病情，減輕疾病對身體的影響，
而且需要定期追蹤，若疏於管理，可能會讓病情加重
或是產生嚴重的併發症。

　　慢性病之間常會相互影響，比如糖尿病控制不
好，可能會產生腎臟病，更嚴重者甚至會造成心血管

疾病。

　　二〇一八年臺灣十大死因依序為惡性腫瘤（癌症）、心臟疾病、肺炎、腦血管疾病、糖尿病、事故傷害、慢性下呼吸道疾病、高血壓性疾病、腎炎腎病症候群及腎病變、慢性肝病及肝硬化。

　　人人聞之色變的癌症，也是慢性病之一，另外包括高血壓、糖尿病、高血脂等「三高」，以及心臟病、腦血管疾病、腎臟病、慢性肝病等。

　　慢性病占全球百分之七十的死亡原因。根據二〇一五至二〇一八年國民營養健康狀況變遷調查，成人三高的盛行率，高血壓已經達到百分之二十五，高血脂百分之二十二，高血糖約百分之九。

　　隨著年紀增加，慢性病的發生也跟著增加，二〇一七年國民健康訪問調查，**超過八成的老人至少罹患一項慢性病，多達六成罹患兩項慢性病，**常見且容易被忽略的老年慢性病包括三高和骨質疏鬆症，未經控制的慢性病及其併發症容易造成長者後續失能的狀況

發生。

由此可見，慢性病所導致的就醫及照護負擔不容小覷，我們對慢性病有愈多了解，愈能正確地做好自我健康管理。

糖尿病——腦心血管疾病的隱形殺手

曾經是運動健將的馬伯伯，平時不太忌口，喜歡大魚大肉，好吃甜食。最近他發現自己容易口渴、頻尿，體重也突然下降，健檢的時候，醫師告訴馬伯伯他的血糖偏高，可能要小心糖尿病。

馬伯伯想到自己的媽媽也罹患糖尿病，而且當時醫療不發達、血糖控制得不好，最後眼睛看不到，也需要洗腎。

馬伯伯焦急地詢問醫師該如何控制糖尿病，醫師告訴他從飲食及運動等生活習慣調整做起，配合用藥處方，就能讓血糖獲得有效控制。

糖尿病就是體內的血糖沒有辦法維持恆定，這有

兩個原因：一是胰島素分泌不足，在年長者族群比較常見；第二是胰島素作用出了問題，譬如胰島素阻抗。

醣類是身體能量的來源，經過消化吸收後變成血糖。某些身體部位會消耗較多的血糖，像是大腦就占了全身三成的能量消耗，再來是肌肉，肌肉活動時也會用到很多血糖，所以增加肌肉量能讓血糖調控變好。

高齡長者肌肉變少，可以調控血糖的器官功能也變差，血糖就容易升高。

此外，肝臟儲存肝糖，如果肝功能下降，醣類代謝也會有問題。

如果身體有發炎狀況，需要能量來對抗入侵者，血糖也會升高，一些長輩只要一感冒或生病，原本控制得很好的血糖就開始偏高。

當我們吃了一塊蛋糕，胰臟的胰島素分泌出來，肌肉、肝臟及和血糖調控有關的器官，會接受胰島素的訊息開始工作，消化醣類、進行血糖調節。

胰島素的分泌隨著年紀漸增而減少，腹部過多脂

肪會造成慢性發炎，進而造成胰島素阻抗，使得器官沒辦法好好地使用血糖。

為了讓血糖維持恆定，身體就分泌更多的胰島素，久而久之，胰島素的分泌細胞「過勞死」，胰島素的總分泌量就逐漸減少。

如果一個人習慣大吃大喝，胰臟細胞常常過度工作分泌胰島素，再加上老化、肥胖及慢性發炎，身體的血糖控制當然出現問題。

糖尿病的診斷

糖尿病初期常常沒有症狀，有時要到血糖很高才出現症狀，一般會有吃多、喝多、尿多的「三多」症狀，但有些長者身上也不明顯，往往要等到嚴重的併發症才被發現。

糖尿病的診斷包含糖化血色素、空腹血漿葡萄糖、口服葡萄糖耐受試驗及高血糖症狀。

其中，糖化血色素最常被使用來衡量平時血糖狀

況及血糖控制情形，可代表過去三個月的平均血糖值；當糖化血色素測量大於或等於百分之六點五的時候，就代表可能罹患糖尿病了。

人體的紅血球裏面有血色素，被葡萄糖附著的血色素稱為糖化血色素，血糖愈高，血色素被葡萄糖附著的比例就愈多，由於紅血球新陳代謝的壽命大約是三個月，所以糖化血色素的數值可以代表三個月左右的血糖狀況。

建議長者固定接受國民健康署每年一次的成人健檢，可以早期發現血糖異常。

● 糖尿病併發症

一旦確診糖尿病，就要注意相關的併發症，包含小血管併發症及大血管併發症。

小血管併發症指影響到腎臟、神經及視網膜。糖尿病後期病人可能需要洗腎、手腳會麻，還有視力喪失，這些併發症和病人的血糖控制及罹病時間有關。

　　大血管併發症包含心血管、腦血管及周邊動脈。當身體長期處在高血糖時，首先造成血管硬化，若是同時合併高血脂、加劇血管硬化，一旦血管阻塞，可能導致失能或死亡，這些併發症和高齡長輩血糖控制及年齡增加有關。

　　糖尿病的神經病變和周邊血管病變，會導致糖尿病足的發生，是老年糖尿病發生率最高的併發症，病人可能產生疼痛、無法走路或是局部感染的症狀，嚴重的還需要截肢。

　　因此，老年糖尿病人的足部照護更要注意，平常檢查有否傷口或感染、穿著適當包覆的鞋具、避免跌倒，每年則要檢查有否足部神經病變。

　　糖尿病的視網膜病變，會導致嚴重的視力損傷，造成長者生活不便，建議要每年定期追蹤。

　　因為老年糖尿病與非糖尿病族群相比，小血管和大血管併發症都有較高的發生率，更要多注意糖尿病長者的身體狀況。

● 高血糖控制需量身設定

由於老年病人往往有較多的慢性病和不同的身體狀況，有些長者生活獨立，有些則需要被人照護或住在長照機構，老年糖尿病血糖控制也要按照個別的狀態調整。

雖然高齡長者血糖的控制較具彈性，但過高的血糖仍會造成身體脫水、視力傷害、認知障礙和較易感染的風險，因此根據中華民國糖尿病學會建議，**可以參考糖尿病長者的健康狀態因人制宜，考量共病症、認知及身體功能，來量身設定合理的血糖控制目標。**

舉例來說，健康狀態正常者，血糖控制目標建議與一般糖尿病人一樣，糖化血色素控制在百分之七點五以下，空腹血糖介於 90 ～ 130mg/dL 之間。

若身體健康狀態降低，包含多重共病症、認知或身體功能開始出現異常，則糖化血色素建議控制於百分之八以下，空腹血糖介於 90 ～ 150mg/dL 之間。

若是健康狀況很差，例如有嚴重慢性病、嚴重認

知功能障礙或需要長期照護，則糖化血色素可以控制於百分之八點五以下，空腹血糖介於 100 ～ 180mg/dL 之間。

如果預估存活期不長，可以設定目標為避免血糖過高產生高血糖急性症狀即可。

至於血糖監測間隔，如果高齡長者已經達到血糖控制目標且血糖穩定，一般大約半年驗一次糖化血色素；未達血糖控制目標或仍在調整藥物，則建議三個月測量一次。

高齡長者或是家人可以在家自我監測空腹血糖，尤其是使用容易低血糖的藥物，或是正在進行藥物、飲食、運動調整時，更需做好自我血糖監控。

● 低血糖比高血糖更可怕

除了高血糖急性症狀，治療長者的糖尿病也要避免發生低血糖，因為**低血糖的發生會增加認知功能衰退的危險**。

　　臺灣健保資料庫的統計發現，年紀愈大，低血糖的發生風險就愈高。低血糖的症狀包含顫抖、心悸、出汗等，但老年人可能因為自律神經功能退化，而較少出現上述症狀。如果置之不理，嚴重的低血糖甚至會導致昏迷、死亡。

　　高齡長者可依據自我健康狀況調整血糖目標，要因人而異，避免「過度嚴格」控制血糖，也可以選擇較不會造成低血糖的藥物。

　　低血糖發生風險較高的藥物，包括促胰島素分泌劑和胰島素，醫師開藥應避免此類藥物。尤其是認知障礙或是失智的病人，可能無法正確使用藥物，或是使用藥物後卻忘記進食，都會增加低血糖的風險。

　　若是表達有困難的患者，照顧者了解低血糖的症狀之外，可以藉由血糖監測來避免低血糖的發生。

糖尿病生活型態調整

除了用藥和血糖監測之外，老年糖尿病可以藉由

運動和營養來控制。前面提到，肌肉會使用很多血糖，為了有效改善血糖控制及胰島素阻抗，**高齡長輩的運動以有氧運動及肌力訓練為主，可視身體功能和狀態調整強度。**

功能獨立的長者可以挑選中等程度的有氧運動（運動時微喘、心跳輕微增加，可以講話交談，但無法唱歌），每週五次，每次至少三十分鐘，常見的方式包含快步走、騎單車、游泳。

如果長者失能或是有很高的跌倒風險，可接受合格的高齡長者運動指導員或物理治療師指導，在安全的環境下執行。

要特別注意的是，若有使用藥物控制血糖，應於運動前後及運動期間監測血糖，避免發生低血糖。尤其時間較長或強度較強的運動，應隨身攜帶葡萄糖錠、果汁或糖包等，以備不時之需。

營養的部分建議接受營養師評估，考量高齡長者可能產生味覺改變、其他共病的飲食限制、口牙狀況、

腸胃道功能改變、食物購買或是製備困難等，給予個人化的建議。

　　但仍以均衡飲食和攝取足夠蛋白質為主，其中需特別注意的包括：使用降血糖藥物和用餐時間的搭配、避免過量的含糖食物和飽和脂肪攝取、足夠的水分避免脫水等。

高血壓——讓心臟覺得很累的殺手

　　王阿嬤這次回診拿藥，距離上次開藥已經六個月了。醫師問王阿嬤：「怎麼那麼久沒回來看診呢？最近好嗎？」

　　王阿嬤回答：「我自己都有量血壓，血壓很好的時候，我就沒有吃血壓藥了；血壓高的時候，我就吃，所以藥到現在才吃完。」

　　醫師跟王阿嬤耐心解釋，血壓控制要規律服藥，才不會讓血壓忽高忽低。忽高忽低的血流會衝擊血管內壁，造成血管內皮損傷，更容易造成心血管疾病的

發生。

高血壓是老年常見慢性病之一，**全球約五成的腦中風及冠狀動脈心臟病歸因於高血壓**，盛行率隨著年紀增加而增長。

高血壓發生的原因包括血管壁的硬化、身體的壓力感受器調控退化、自主調節功能失常等，有些則是來自其他疾病，包括腎動脈狹窄、原發性高醛固酮症、睡眠呼吸中止症、甲狀腺疾病等。

高血壓長期缺乏良好控制，會造成心臟和血管的傷害，增加心臟衰竭、心臟病、中風和腎臟病的風險。

血壓的組成包含收縮壓和舒張壓，收縮壓是當心臟收縮時在血管產生的壓力，舒張壓則是在兩次心臟收縮之間血管放鬆的壓力。

以二〇一七美國心臟學院和美國心臟學會高血壓治療指引的建議，正常的血壓希望維持在 120/80mmHg（Millimeter of mercury，毫米汞柱）以下，高血壓的定義則為 130/80mmHg 以上。

通常在門診時，醫師並不會用單一一次測量結果就診斷為高血壓，至少需要兩次間隔一週以上的門診都血壓異常才會確診。

一般老年高血壓的症狀不明顯，也因此很多高齡長者血壓已經升高卻不自知，所以定期且正確地測量血壓相當重要。

● 如何在家正確測量血壓？

選擇固定在早上剛起床或是睡前測量，測量前避免進食、喝咖啡、吸菸及飲酒，也避免激烈運動。

量血壓時將身上厚重衣物脫掉並且靜坐五分鐘，測量時雙腿不能交叉，手臂與心臟同高，放鬆不要用力。壓脈帶不要太緊或太鬆，固定好後大約剩下兩根手指頭的空間。

一開始左右手都要測量，之後以血壓數值高的手固定測量。每次測量要重複兩次，間隔一到兩分鐘。

在家測量的血壓值可以記錄下來，回診時給醫師

參考。如果已在服用血壓藥物、有心血管疾病或中風，建議每日測量血壓，了解自己的血壓控制狀況。

● 生活調整控制血壓，勿隨意停藥

老年高血壓控制標準在近年有不同的討論，雖然血壓 130/80mmHg 以上就是高血壓；但「高血壓的定義」跟「高血壓的治療目標」不一樣，若有高血壓的人，不一定要將血壓降到那麼低。

二〇一七中華民國心臟學會與臺灣高血壓學會的指引，建議將血壓控制在 140/90mmHg 以下，若是高齡長者合併有其他的共病症，例如糖尿病、慢性腎病併有蛋白尿或是冠狀動脈心臟病，控制血壓的標準就要比較嚴格，建議控制在 130/80mmHg 以下。

高血壓常常需要藥物控制，每位高齡長者可能對不同的降血壓藥物有不同的反應，所以需要一段時間找出適合的藥物。

要注意的是，如果高齡長者接受血壓控制用藥

後，反而出現頭暈或不適，可能是血壓下降太快所致，通常幾週後身體會慢慢適應新的血壓，但若症狀持續，就需要返診跟醫師討論調整用藥。

高齡長者常常服了血壓藥後，量了自己的血壓，發現血壓正常就自行停藥，等到血壓又高起來的時候才再吃藥，這樣反而會造成血壓忽高忽低，控制不好。**持續服用藥物維持穩定血壓非常重要，若是想要停藥可以跟醫師討論，視個別狀況調整藥物。**

除了藥物控制，**生活型態改變也非常重要，可以從戒菸、減少過多的鹽分及酒精攝取、增加身體運動和適當減輕體重著手。**

首先是避免過多的鹽分攝取。常見的高鹽食物包含加工食品、醃漬食物、濃湯、醬料等，平時飲食盡量避免食用這些食品、減少醬料使用及少喝湯。

我們知道，含鹽量高、鈉含量就高，當體內鈉含量高時為了稀釋，身體的水分就會變多，身體水分變多，心臟的工作量就增加，這時候血壓就會升高。

　　再來是減少酒精攝取。過量飲酒增加高血壓發生的風險，尤其是短時間攝取大量酒精，對身體還有血壓都有不好的影響。

　　改善之道，可以多吃蔬果及纖維素。蔬果含有豐富的鉀、鎂、鈣及膳食纖維，鉀促進排出鈉，膳食纖維可以降低血壓，避免高血壓的發生。一般建議每日攝取二十至三十五克的纖維素，例如早餐常吃的麥片就含有豐富的纖維素。

　　最後是增加身體活動。規律的有氧運動可以降低血壓，散步、快走、游泳等，每次至少三十分鐘，每週至少五次，運動可以改善血液循環、擴張末梢血管，減輕心臟的負擔。

　　早期的老年高血壓可以先從生活型態改善開始，不一定要使用藥物。如果超過三個月未能達到控制目標，則根據病人狀況選擇合適的高血壓藥物，再和飲食、運動多頭並進，定期追蹤血壓變化，就能讓血壓控制在理想的狀態。

高血脂──無聲的健康殺手

　　七十五歲的何伯伯體重一直不重，但最近去做了腹部超音波檢查，醫師說他有嚴重的脂肪肝，於是幫他驗了膽固醇及三酸甘油脂等血液檢查，問診之後，醫師說他可能具有家族性的高血脂。

　　何伯伯納悶自己並沒有不舒服，原來高血脂是無聲的殺手，長期過高會造成血管硬化，同時引發其他健康問題。

　　常見的血脂肪檢查包含總膽固醇（TC）、低密度脂蛋白膽固醇（LDL）、高密度脂蛋白膽固醇（HDL）及三酸甘油脂（TG）。

	總膽固醇	三酸甘油脂	低密度脂蛋白膽固醇	高密度脂蛋白膽固醇
正常值	＜ 200 mg/dL	＜ 150 mg/dL	＜ 100 mg/dL	男　性 >40mg/dL 女　性 >50mg/dL

　　高密度脂蛋白膽固醇是好的膽固醇，可以將血管中的膽固醇帶回肝臟代謝，而低密度脂蛋白是壞的膽固醇，會將肝臟製造的膽固醇帶回血管。當血管中堆積過多的膽固醇，會引起血管管壁狹窄硬化，進而產生心血管疾病。

　　高血脂指的是血清總膽固醇過高、三酸甘油脂過高、低密度脂蛋白膽固醇過高及高密度脂蛋白膽固醇過低，和心血管疾病有明顯的相關性。

　　血脂的控制，以能將總膽固醇、低密度脂蛋白膽固醇和三酸甘油脂降低為主。血脂濃度會隨著年齡增加，尤其會增加壞的低密度脂蛋白膽固醇，長期的高血脂會導致動脈硬化，造成血管阻塞。

　　一般血脂異常不太會有症狀，所以醫師在成人健檢的時候會檢查血脂的濃度，如果太高則需要控制。

　　長者若同時罹患糖尿病，使用降血脂藥物治療高血脂，能夠減少糖尿病患者動脈粥狀硬化心血管疾病的發生，以及冠心症的死亡率。

● 多選好油，蛋是優質食物

如同糖尿病、高血壓治療，高血脂的治療以飲食和運動優先，如果控制不好再考慮藥物控制。

有氧運動可以燃燒脂肪，除了降低壞的膽固醇和三酸甘油脂，也提升好的高密度脂蛋白膽固醇。

飲食的內容，往往非常誠實地反應在我們的身體上，如果平常吃的東西都是高鹽、高油、高糖，身體就概括承受，久而久之就會有「三高」——高血壓、高血脂、高血糖。

飲食部分建議減少或避免飽和脂肪和反式脂肪的攝取，例如肥肉、動物性油脂、酥油、糕餅類食物、油炸食物等。其中，糕餅類很常出現在日常生活中，比如餅乾、麵包、蛋糕、燒餅、酥皮等，門診中很多長者血脂過高，詢問之下發現原來無意間吃進很多含飽和脂肪和反式脂肪的食物。

反式脂肪是經過化學反應的植物油，希望讓油脂的穩定度更高，但反而對身體不好，和飽和脂肪一樣

會增加血管硬化的問題。

如果高齡長者無法一下子接受食物大幅轉換，可以採用較健康、含纖維素的食物，例如豆類、堅果，取代部分上述食物的攝取或添加在原本的飲食中。

另外，有幾類食物對於降低血脂肪也有幫助，包括 Omega-3 脂肪酸、紅麴及綠茶萃取物。

平日建議多選擇好油，尤其富含多元不飽和脂肪酸的植物油、堅果等，多元不飽和脂肪酸可以抗發炎，改善高血脂。

最後，要提醒高齡長者不需要因為膽固醇高而過度控制飲食，反而會導致營養攝取不足。尤其是蛋的攝取，經過研究指出，一天一個蛋不會影響身體的膽固醇，雞蛋含有豐富營養而且調理方便，很適合高齡長者食用。

骨質疏鬆症——造成健康骨牌效應的殺手

將近八十歲的陳伯伯下雨天出門，不小心滑了一

跤，右大腿嚴重變形，緊急送醫照了 X 光片，右側髖骨骨折了。骨科醫師連夜幫陳伯伯開刀，幸好恢復得還不錯，很快開始復健並且下床走路。

回診時，骨科醫師細心地安排骨質密度和相關檢查，發現陳伯伯的骨質密度已經落入骨質疏鬆症的範圍，而且脊椎也有壓迫性骨折，骨質疏鬆症在不知不覺中已經找上陳伯伯。

陳伯伯接受骨質疏鬆症的治療，也更注意走路，小心翼翼避免再次跌倒。

骨質疏鬆症是老年人常見的慢性病，表示骨頭的品質變差、變細（有空洞），容易骨折。除了年紀增加容易骨質疏鬆，女性停經後因為雌激素降低，也是骨質疏鬆症的高危險群。

可能造成骨質疏鬆症的原因還有很多，包含藥物（類固醇、免疫抑制劑、化療藥物等）、內分泌疾病（副甲狀腺功能亢進、甲狀腺功能亢進、庫欣氏症候群等）、腸胃道系統疾病（嚴重肝臟疾病、發炎性腸

道疾病、腸胃道手術等）、癌症（例如多發性骨髓瘤）等，大部分可以經由病史、身體評估及實驗室檢查來確認。

骨質疏鬆症起初通常沒有症狀，也因此常被忽略。高齡長者通常等到骨折發生，才知道自己有骨質疏鬆症。

其中，**脊椎的壓迫性骨折是最常見的臨床表現，除了背痛或是身高明顯變矮，經常會在胸腔或是腹部 X 光中意外發現長者的壓迫性骨折。**

其次表現在髖骨骨折，尤其是髖骨最細處的股骨頸最容易折斷，**高齡長者一旦發生髖骨骨折，會導致行動不便**，很多長者日漸衰弱、失能、臥床最後死亡，對高齡長者的健康影響甚巨。

臨床上骨質疏鬆症的診斷，包含脆弱性骨折（不經外力或是輕微傷害就導致脊椎、髖骨、手腕、手臂、肋骨或是骨盆骨折），或是經由雙能量 X 光吸收儀進行的骨質密度測量、T 評分（T-score）小於負二點五

標準差。

　　T評分指的是病人的骨質密度和年輕族群相比的差距範圍，差距愈大代表骨質密度愈差。一般測量骨質密度有固定的位置，包含脊椎和兩側髖骨，以最低的T評分值為判斷標準。

● 骨質流失不可輕忽，乘年輕保骨本

　　骨質疏鬆症的預防從年輕就要開始注意，重點是提高巔峰骨量。

　　大部分的人約在三十到三十五歲時達到骨量巔峰，之後會逐年流失，尤其是停經前後的婦女骨質流失速度最快。

　　因此一定**要乘年輕把骨本拉高，培養健康的生活型態，包括充足的鈣質和維生素 D3 的攝取、規律的身體活動、體重不要過輕、避免抽菸或過量飲酒。**

　　當巔峰骨量過去，上述的健康生活型態建議要繼續維持，就能延緩骨質流失的速度，另外也要開始小

心跌倒、避免使用會造成骨質流失的藥物（例如類固醇等）。

雖然骨本會慢慢流失，但有一項身體機能是可以增加的，就是肌肉。

身體的肌肉可以被訓練，訓練肌肉可以保護骨頭、提供關節的支撐，如果肌肉量多、肌肉比較有力，關節活動的支撐力和保護力都可以增加，也能避免長者發生跌倒。

有些高齡長輩常常會背痛，醫師除了會請他們避免拿重物，也會教導長者訓練核心肌群。

核心肌群大部分指的是腹部和背部的肌肉，主要用來支撐身體軀幹。

核心肌群在年輕的時候力量都很足夠，因此骨頭的壓力不會那麼大；當肌肉隨著年紀增長慢慢流失，失去了肌肉的支撐，身體的重量都壓在骨頭上，就會造成骨頭和關節的負擔。

譬如一棟完善的建築，需要鋼筋和水泥共同支

撑，如果少掉水泥，鋼筋就會承受更多壓力。肌肉和骨頭都是支撐人體、輔助人體的重要構造，缺一不可。

● 如何保骨

充足的鈣和維生素 D3 攝取可以減少骨折的風險，尤其是髖部骨折。

五十歲以上建議每天攝取一千兩百毫克的鈣，包括含鈣食物（牛奶及乳製品，純素食者可以從豆類、深綠色蔬菜、芝麻、香菇、海藻、海帶等食物攝取）及額外補充的鈣片。

要注意的是，鈣質補充不宜太多，若超過一千兩百毫克甚至到一千五百毫克，反而會增加心血管疾病的風險。

維生素 D3 可以促進腸道吸收鈣及骨頭健康，成人建議每天補充八百國際單位（IU）維生素 D3，可以從晒太陽或是營養補充品補充。高齡長輩因為身體狀況，可能無法外出或是晒太陽，更容易發生維生素 D3

缺乏，應該特別注意。

運動可以增加骨質密度、降低跌倒骨折風險、增強肌肉及改善平衡，尤以負重的運動為佳，例如步行、快走、爬樓梯、重量訓練等，一般建議每次至少三十分鐘，每週至少三次。

預防跌倒的措施，包含移除會滑動、絆倒或是造成高齡長者跌倒的地毯、家具和電線。避免高齡長者走在容易滑倒的地面，例如潮溼或是拋光地板。光線照明必須充足，包含居家內外、走廊及入口。

避免高齡長者服用容易跌倒的藥物、改善長者的視力問題、幫長者選擇適合的輔具，另外挑選具有良好包覆性及防滑鞋底的鞋子。

● 骨質疏鬆症藥物治療

除了上述方式用來防止骨質疏鬆症，**針對高骨折風險或是已發生骨鬆骨折的高齡長者，就會考慮抗骨鬆藥物治療。**

　　骨折風險評估可以使用世界衛生組織的「臺灣
FRAX 骨折風險評估工具」，只要照著指示輸入是否
具有骨鬆風險因子，就可得到骨折風險評估。

　　目前以未來十年的髖骨骨折風險超過百分之三，
或主要骨鬆性骨折風險超過百分之二十，視為高風險。

　　防治骨鬆的藥物有三大類，分為抗流失、促骨生
成及混合型。抗流失的包括雙磷酸鹽類、RANKL 單
株抗體、雌激素、選擇性雌激素調節劑及維生素 D3，
促骨生成則為副甲狀腺素。

　　一般來說，醫師會視高齡長者需求挑選合適的治
療藥物，其中混合型的藥物雖然可以增加骨質密度，
但目前並沒有充分的證據建議第一線使用。

　　值得注意的是，**使用骨鬆藥物至少需要一年以上
才會有減少骨折的效果，如果治療時間太短或是沒有
按照時間接受治療，都會降低療效。**

　　另外，大部分骨鬆藥物（尤其是促骨生成及
RANKL 單株抗體）一旦停止治療，骨質又會開始流

失，所以就像前面介紹的慢性病一樣，高齡長者需要長期配合治療，才能有效防治骨質疏鬆症。

慢性病管理愈早愈好，但永遠不嫌晚

慢性病不見得會造成壽命減短或失能，但是如果沒有好好管理，就可能因為慢性病的併發症，造成後續的失能或死亡。

高齡長者常見的慢性病，三高（高血糖、高血壓、高血脂）和骨質疏鬆症都可以藉由有效的慢性病管理，達到穩定控制的狀態。

但臨床經驗也發現，大部分的人無法只靠改善飲食、運動和生活習慣來控制慢性病，常常需要搭配藥物來幫忙。

因此，長輩如果希望少吃藥或是減藥，足夠的慢性病知識、下定決心改變生活型態、和醫師充分配合及家人朋友的支持鼓勵都是必要的。

此外，良好生活型態、規律運動、均衡飲食、定

期健檢篩檢，都可以從年輕的時候做起，就算上了年紀開始也不嫌晚，能夠在沒生病的時候做好慢性病的預防，防範於未然，是最有效的慢性病管理方式。

善加整合，多重慢性病不驚慌

隨著年紀增加，高齡長者的慢性病可能會愈來愈多，變成「多重慢性病」，增加衰弱、活動功能下降、失能、住院或是死亡的風險。

根據國健署定義，衰弱不是一種疾病，而是個體隨著年紀增加、慢性疾病或是生理儲備容量下降，處於容易受到外來事件影響健康的狀態，導致往後不良健康後果的發生，例如跌倒、失能、住院或是死亡等。

因為大部分疾病指引都是針對單一疾病給予建議及處置，當高齡長者罹患多重慢性病時，就會增加疾病照護及用藥處置的複雜度，可能要看多科的門診、要吃相當多的藥或是用藥方式變得很複雜。

除了每次就診耗時又花錢，光是看到「一把藥」

要吃，很多長者就會選擇性地吃藥，或索性放棄，更嚴重的還會吃錯藥，造成慢性病控制不佳，也容易產生多重用藥的問題。

門診還會遇到一些長者希望可以「治癒」慢性病，所以尋求偏方或是頻繁往返不同的醫院看診，希望能夠把病「看到好」。

但是慢性病往往只能「控制」，尋求偏方或是醫療專業之外的其他治療方式，可能浪費很多的時間和金錢，卻得不到應有的治療效果，甚至延誤治療的黃金期，高齡長者應該要特別小心。

當發現多重慢性病找上自己，高齡長者可以做得更多，讓健康和生活品質維持得更好。

由老年醫學專科醫師開設的「老年醫學整合門診」，就是針對高齡長者多重慢性病的問題而成立，可以放心地跟醫師討論自己的慢性病治療目標與優先順序，包含對健康的期待、服藥或停藥、接受手術、住院治療、預防保健、改變生活習慣等想法。

在此，讀者可以自行思考下列問題：

・我覺得哪個健康問題影響自己最嚴重？哪個問題最想優先處理？

・我最關心的健康議題是什麼？是活得久、不失能，還是身體不要太痛苦？

・我接受的藥物或治療，是否造成副作用或其他困擾？

確定目標及優先順序後，再將照護做進一步整合。現在可以在診間利用健保卡讀取雲端病歷，知道病人在不同醫院不同門診的用藥和檢查紀錄，讓重複的用藥和檢查降到最低。

針對多科就診及多重用藥，整合門診也會協助高齡長者減少不必要的用藥或就診科別，來降低潛在的醫源性傷害。

舉例來說，生活型態的改變包含飲食和運動，可以改善高血壓、高血脂和糖尿病，藥物就有機會減少，不用吃那麼多藥。

　　如果無可避免要服藥，老年專科醫師會協助高齡長者分清楚哪些藥需要長期吃，哪些藥是有症狀才吃。通常高血壓、高血脂和糖尿病都需要規則服藥，而便祕或腸胃消化疾病，一旦症狀改善，就不需要再吃藥。

　　最後，門診高齡個管師會追蹤長者整合藥物後慢性病控制的狀況，及安排後續回診。對高齡長者來說，透過有效的醫療整合，可以改善就醫品質及提升多重慢性病管理成效。

聰明用藥，樂活安康

花蓮慈濟醫院副院長暨高齡醫學中心主任　羅慶徽

關於用藥，長輩們的「症頭」很多，有人喜歡自己當醫師、有人喜歡當廖添丁、有人喜歡當松鼠等，「族繁不及備載」，考驗身為醫師的我，以下就來一一破解。

症頭一：自己當醫師——不遵醫囑及「普度眾生」型

自己當醫師的長者，至少有兩種「小症頭」。第一類「不聽話」——不聽醫師的話，喜歡自己調整藥量和用法，把藥當糖果，用法用量都既隨性又隨意。

其實醫師開藥的目的有兩種，一種是吃「症狀」，另一種是吃「指標」。

　　吃症狀就是「症狀治療」，譬如感冒藥、便祕藥，沒有症狀就不需要服藥了。

　　便祕是長者們腸胃的常見問題，吃過多便祕藥反倒引起腹瀉，所以症狀如果解除，自己停藥是沒有問題的。

　　吃指標的藥物，譬如抗生素、抗病毒藥物，就有一定的療程，藥必須「吃滿吃完」才行。

　　長者經常服藥兩、三天，覺得症狀緩解，就自行停藥，可能引起病毒、細菌反撲，造成再度感染，也可能導致身體產生抗藥性，使原來有效用的藥失效。

　　抗憂鬱藥物也類似，症狀減緩自行停藥，造成疾病慢性化，使得原本可痊癒的病愈來愈糟。

　　自行減藥至少有三個問題，一是影響藥效、二是突然停藥造成戒斷症狀、三是醫師以為藥效不好，又開更多更強的藥物。

　　順便一提，一般抗憂鬱藥物必須四週左右才有藥效，病人或家屬經常服藥幾天後覺得無效就自行停藥，

而引發相關問題。

　　高血壓、高血糖、高血脂這「三高」的藥物，長者常說「無呷無代誌、一呷呷一世人（不吃沒事，一吃要吃一輩子）」，這是倒果為因。

　　舉高血壓為例，病友張先生早在五年前體檢時就發現血壓在 150/100mmHg 左右徘徊，但因為完全沒症狀，他酒照喝、攤照跑。最近一次體檢量血壓，血壓值上升至 160/100mmHg，他卻說，「我本來沒事，結果醫師開藥給我，一吃就不能停。」

　　既然沒有症狀，為何醫師還要大費周章治療？答案很清楚，因為已經有大型研究證實，全世界不論各色人種，血壓過高將來死亡率也升高很多。

　　有一個研究就發現，跟收縮壓 120mmHg 比較，收縮壓 140、160、180mmHg 的人，死亡率分別是兩倍、四倍及八倍之多。

　　有些個性比較「硬」的長輩會說：「我不怕死！」我總是回應他們：「中風、心肌梗塞、洗腎等，更會

造成臥床失能！」

所以，以高血壓來說，服藥是為了預防高血壓所帶來的「未來合併症」，高血糖、高血脂的用藥也是類似道理。

第二類自己當醫師長輩的症頭是「普度眾生」——一人拿藥全家吃，甚至敦親睦鄰、互通有無，分給左鄰右舍一起吃。

「各人的公媽（祖先）各人拜」，所以，「各人的藥各人吃」，您的好藥，可能是別人的毒藥。

我有一個病人林奶奶，她自己當醫師，覺得各種症狀都是「感冒」而已，所以把自己的「克流感」兩天份送給老伴吃。

剛開始的確兩個人的症狀都減緩了，但是因為她將藥分出去，沒有完成療程，一週後 A 型流感復發，這次併發肺炎，她住院後，我才問出這段病史。

另一位張奶奶，她有類風溼性關節炎，自行把服用的類固醇，分給隔壁因為泌尿道感染發燒而全身痠

痛的吳奶奶吃，結果吳奶奶退燒了（類固醇可以控制免疫反應而退燒），但是幾天後，吳奶奶因細菌跑到血液裏的菌血症緊急送醫，經過搶救才從鬼門關前搶回一命。

張奶奶得知後說：「我哪知道會這樣！下次不敢了！」倒是吳奶奶笑說：「愛我就不要害我！」因此長輩們請切記，「**藥能治病，也能致病。**」

症頭二：義俠廖添丁

再來要說的是「義俠廖添丁」——劫富濟貧型的長輩。

他們大多覺得「看病很貴、幫大家省錢」，所以看診時，會假裝自己的身體有問題，實際上卻是幫家人或朋友拿藥，通常熱心助人的長輩，更容易有這種「症頭」。

一位六十歲的里長媽媽最愛做這種事，據說她的家中存了各種常備藥，左鄰右舍只要有需要，就可以

到里長辦公室取用，也是一種里民服務。

　　直到有一天，一位里民吃了兩顆止痛藥後，發生過敏性休克送急診，這項里民服務才停止。

症頭三：囤積的松鼠

　　還有一種是「松鼠」。松鼠會囤積食物、藏食物，有些長輩們則是囤積藥物、藏藥物。

　　這些長輩可能會自己改變劑量，或將剩下的藥物妥為收藏，在自己或家人需要的時候拿出來，本著節儉是美德、助人為樂的心，「自用、贈人兩相宜」。

　　殊不知**同樣的症狀，可能是不同的成因**。例如頭痛，有可能是高血壓、感染、失眠所造成，必須由醫師專業判斷，甚至有時候專業都沒有辦法一次到位判別精準。

　　曾有一位肝硬化、腳水腫的病人，衛教的藥師、護理師教她如何依照體重、水腫程度調整利尿劑，只差沒有告訴她，「只要分享食物、不要分享藥物」。

有一次，她的先生因為蜂窩性組織炎左腳腫了，她就分享利尿劑消腫治療三天，還交代老先生「水要少喝，腳才不會腫」。

當我被找到急診室時，老先生已經脫水、菌血症陷入昏迷。幸運的是，老先生在醫護人員細心照顧下恢復健康，他治癒後常常笑稱老奶奶「謀害親夫」！

再次叮嚀，**您的神藥，可能是別人的毒藥。藥物不要互通有無，也不要自己當醫師。**

也有病人問我：「那我自己的剩藥自己吃，總可以了吧？」其實，不見得可以。除了藥物放久了會變質外，很可能這次發生與上次類似的症狀，卻是不同的病因造成。

張奶奶有胃食道逆流的存藥，每次只要發現上腹不適，「我就連續每天吞一顆，兩天就緩解！」

有一次張奶奶自己吞下好幾顆，不但胃痛沒有緩解，反倒開始喘起來，她就到門診來。

最後發現張奶奶竟是下壁心肌梗塞，腹痛是因為

心臟引起，不是胃食道逆流。

聰明用藥四原則，永保安康

首先，要確實遵守醫囑。

所謂遵囑，就是在一定期間內，不能隨意改動的事。藥不是糖果、巧克力，可以想吃就吃；所有藥物都經過長久的藥物動力學研究，劑量、劑型、服用方式都有一定道理，千萬不要自己當醫師。

其次，事先備好藥物在藥盒裏，依序吃。

很多雜貨店、藥妝店或藥局都販售分裝藥盒，上面印有星期幾、早中晚、睡前等標記。把每份藥依據用餐時間及順序分裝，為避免藥物放置太久變質或受潮，**一次準備七天份就好**。

現在很多銀髮族相當跟得上時代，運用科技輔助，智慧型手機可以下載提醒服藥的應用程式，是個好幫手。

人的記憶不可靠，不要對自己的記性太有自信，

尤其多重用藥（同時服用五種藥物以上），更要利用工具輔助。

第三，在對的時間吃。

飯前飯後吃，其實對多數的藥物沒有很大差別，太糾結反倒誤事。

一般所謂飯前是指「飯前一小時」，像是治療胃食道逆流、胃潰瘍的耐適恩（Nexium），因為食物會降低藥物的吸收，所以需要飯前一小時服用。但忙碌的現代人很難在早餐前一小時服藥，因此化繁為簡，病友至少要「規律服用正確劑量的藥」。

最後，如果忘記服藥，需不需要補吃？

有一個「對半原則」，就是發現忘記吃藥的時間，還沒有到下次服藥時間的一半，就補吃；若想起時已經超過間隔時間的一半了，就不用補服藥。

已經超過間隔時間的一半，因為距離下次服藥時間太近，原則上不需要補吃，否則藥物濃度太高也可能引發副作用。

用藥時間

時間	用法	藥劑類型
飯前（空腹）	飯前一小時以上服用或飯後兩小時	質子阻斷劑（胃潰瘍）Nexium、Sucralfate 肝炎 Entecavir（務必飯前飯後隔兩小時）
隨餐	吃完第一口飯後吃藥 吃完飯立刻吃藥	Acarbose（糖尿病）Fenofibrate（膽固醇）Griseofulviu、Itraconazole（真菌感染）
飯後	用餐完一小時「內」服藥	止痛藥 抗生素 某些脂溶性藥
睡前	睡前三十分鐘	降血脂（Statin）安眠藥（服用後馬上就寢）

註：藥物若無特別指示，大都是飯後服用。若有指示，請遵醫囑，有疑問或困難，可利用藥品諮詢服務。

同樣的，等到下回預定服藥時間，只要服用該次的藥量，不要多吃，避免藥物濃度過高。

這是大原則，但如果忘記服高血壓藥，量血壓發現已經高到 180/110mmHg 以上，或者非常不舒服，就可能需要就醫。

所有藥物都有副作用，並非危言聳聽，但大家也不應該諱疾忌醫，因小失大。

出門旅遊時不要「上車睡覺、下車買藥」，也不要買成藥吃，或者購買、使用來路不明的藥物。遵守醫師、藥師的處方和指示，才可以安心地用好用滿，藥到病除。

有注有保庇，疫苗答客問

花蓮慈濟醫院一般醫學科醫師　陳柏威
花蓮慈濟醫院副院長暨高齡醫學中心主任　羅慶徽

　　我們常說要「為未來做準備」，而疫苗就是我們能在身體健康時，為未來自己做的最好準備。

　　疫苗可以在我們身體健康時，打扮成細菌、病毒的樣子進到人體，讓白血球大兵們認識、學習怎麼跟病菌作戰；等到真正病毒入侵時，因為有與疫苗訓練員作戰的經驗，免疫系統能抓住病菌的弱點，好好地抵抗病菌入侵。

　　像是每年都來一次的流感，六十五歲以上長者嚴重感染的風險比年輕人高五倍以上，但只要施打疫苗，可減少百分之五十的流感重症、降低百分之八十的死亡率。效果可是很好的呢！

問題一：打疫苗傷身體？

「新聞每年都會看到施打疫苗後產生很嚴重的副作用，打疫苗真的安全嗎？」這個問題經常被問到。我們一定要先確定疫苗不傷身體，才能使用它，這是很重要的。

有人擔心打了疫苗反而被感染，這確實可能發生，但只有減低毒性的「活疫苗」會發生，死掉或合成的「死疫苗」就沒有這個疑慮，所以流感、肺炎鏈球菌疫苗都不需要擔心。

各類疫苗打完後都有些常見的副作用，像是施打處紅腫、疼痛、倦怠，還有少數人（一百人裏不到一個）會發燒。然而，觀察家裏小朋友打疫苗的經驗就知道，這些常見的副作用通常都會自己好，且沒有長期影響。

主要來說，在接種疫苗後，有三個時間點要注意，分別是兩分鐘、三十分鐘、四十八小時，都通過的話就安全了。

第一個「兩分鐘」：確實按壓施打處兩分鐘，幫助身體凝血。尤其是凝血功能較差的人，包含肝硬化、使用抗凝血劑者，可以按壓更久一點。

第二個「三十分鐘」：施打疫苗後，在醫院觀察三十分鐘，觀察有沒有過敏的狀況發生。施打疫苗後的全身過敏，大約百萬人中才有一個，會讓人皮膚癢、腫、喘不過氣，是比較嚴重的副作用，但醫醫療院所都備有緊急處置措施，只要打完疫苗後在醫院休息三十分鐘，就不用擔心全身過敏。

第三個「四十八小時」：觀察身體四十八小時，有不適就前往就醫。在非常少數的狀況下，接種疫苗仍可能有副作用的發生，如果觀察到有持續發燒、意識改變、呼吸困難、心跳加速等狀況，就要前往醫院，並告知醫師最近曾施打疫苗。

問題二：打疫苗還是會感染？

偶爾，我們會聽到「誰誰誰去打了流感疫苗，沒

想到還是得了流感。」怎麼會這樣呢？難道疫苗偷工減料？

其實偷工減料的問題很難發生，因為臺灣查核疫苗的法規嚴謹，與歐美國家標準相同，一有問題就會即刻通報，過程公開透明。

如此說來，疫苗本身並沒有問題，那怎麼會打了卻沒效？

讓我們回到前面說的免疫細胞大兵與疫苗訓練員，疫苗的效力來自讓白血球有對抗該病菌的經驗。然而就像運動員的訓練，同樣的訓練對每個人的提升能力不盡相同；同樣的疫苗，在不同人身上也會有不同的效果。

有些人對疫苗反應好，可以在病菌一進來就把它擋住，不會發病；有些人反應較差，需要等到發病才能阻止病情加重。

疫苗並不是免死金牌，它更像個訓練課程，讓身體有機會變得更好，減少重症甚至死亡的發生。

問題三：怎麼讓疫苗效果更好？

在疫苗的訓練課程中，我們可以做些事情，增加身體對疫苗的反應，像是在疫苗接種前後幾天，請確保自己好好睡覺，睡足七小時以上，對於提升疫苗效果很有幫助。

另外，那幾天也提醒自己多運動，運動也能讓疫苗效果更強，即使只是比平常多一點快走、不搭電梯改爬樓梯，也會有所幫助。

問題四：該施打哪些疫苗呢？

這些疫苗們，每個都扮成幾種病菌。像是四價流感疫苗，就扮成四種流感病毒亞型；十三價肺炎疫苗，就扮成十三種肺炎細菌亞型。

只有遇上相同型別的病菌時，白血球大兵們學到的經驗才能發揮作用，因此選擇施打哪些疫苗也是重要的事。

以下是我們建議長者施打的三種疫苗：

● 流感疫苗

每年進入秋冬之際，流行性感冒就開始在我們身邊出沒，而它其實隱含著重症與死亡風險，每年因流感死亡的人數，相當於十大死因的第九位，且死於流感者超過八成為六十五歲以上長者，而這些長者超過百分之九十五沒有施打流感疫苗。

那麼流感到底是什麼呢？它是專指由流行性感冒病毒所引起的感染，主要的表現除了呼吸道症狀與發燒外，還會有發冷、肌肉痠痛、關節痛、倦怠、食欲不振，其中肌肉痠痛是它與一般感冒最大不同處。如果出現喘不過氣的重症表現，就務必送急診了。

流感透過飛沫傳播，當我們與患者待在密閉空間時，就容易感染，像是醫院等公開場所，也是容易受感染的地方。

我們難以控制周遭所有接觸的人，因此提升自身防護力就變得重要，防護力提升後，也才能保護心愛的家人朋友不被自己感染。

　　流感疫苗能夠提供長者百分之五十至六十的保護力，這樣即使接觸到也不會被感染；剩下百分之四十至五十的長者，雖然被感染，但症狀會比較輕微，也減少重症與死亡的發生。

　　從臺灣過去的資料來看，施打疫苗可以降低整體死亡率百分之四十四，每兩個原本會死掉的人，就有一個被救回來呢！

　　奇怪的是，別的疫苗打一次就可以用很久，為什麼這支疫苗要每年施打呢？

　　原來流感病毒特別厲害，很會變異，每年流行的都不太一樣；另外它又很會偽裝，讓白血球對它的記憶隨著時間消逝。

　　六十五歲以上的長者，施打疫苗後的保護力，大概只能維持四個月，剛好撐過流行的那段時間就消失了。身體認不得每年流行的流感病毒，當然就要每年都預先訓練了。

　　從二〇二〇年開始，有更多的流感疫苗廠商可以

選擇，除了雞蛋培養的國光、賽諾菲、葛蘭素外，又增加了細胞培養的東洋。

兩種培養方法的差別在於，雞蛋與人類的細胞不同，雞蛋培養的模擬病毒，與感染人的流感病毒也會有些不同，讓疫苗保護力降低一點，但其實效果還是非常接近，施打兩種都是可以的。

另外，因為部分亞型無法在雞蛋培養，所以選擇的病毒亞型可能與細胞培養的不同，不過我們無法事先得知今年會流行哪些亞型，也就無法預知雞蛋或細胞培養會較好，這部分不需要考慮。

最後，隨著疫苗技術的進步，對雞蛋過敏，在美國、歐洲都已不是施打雞蛋培養疫苗的禁忌症，若仍不放心，可選擇完全不含雞蛋成分的細胞培養疫苗免除疑慮。

目前臺灣提供所有六十五歲以上民眾公費施打四價流感疫苗，是很幸福的政策，能夠施打的地方也很多，各地的衛生所與診所大多都能施打，很推薦所有

長輩前去。

　　還沒有六十五歲的成人，可以搜尋當年度公費疫苗施打對象，五十歲以上、家中有嬰兒、肥胖者都有機會納入公費範圍。即使無法使用公費疫苗，仍建議為了家中長輩去自費施打，避免將流感帶回家。

肺炎鏈球菌疫苗

　　肺炎鏈球菌是很常見的細菌，輕微的會造成肺炎、中耳炎、支氣管炎、鼻竇炎等，更嚴重則引起菌血症、腦膜炎等。

　　值得注意的是，現今超過五成的肺炎鏈球菌對抗生素有抗藥性，處理起來將會愈來愈棘手。

　　年紀達到六十五歲後，感染肺炎鏈球菌的風險大幅上升，重症的比率也變高；原本併發菌血症的兩成死亡率，在年紀漸長後變成六成，也就是每兩人感染就有至少一人死亡。

　　因此，臺灣與美國都建議六十五歲以上的長者施

打肺炎鏈球菌疫苗，來保護自己。

　　依照臺灣的研究，肺炎鏈球菌疫苗能夠提供百分之七十五的保護力，減少百分之九十的死亡率。不過因為能感染人類的肺炎鏈球菌有三十幾種血清型，疫苗難以一次涵蓋到所有的血清型，需要選擇較常見的來防護。

　　目前兩種最常見的肺炎疫苗，分別是十三價結合型疫苗（PCV13），包含十三種常見血清型，效力較強，維持七至十年，每劑三千多元；二十三價多醣體疫苗（PPV23），涵蓋二十三種血清型，效力較弱，維持兩到五年，每劑一千多元。

　　兩種疫苗間該如何選擇呢？其實兩個都含括臺灣最常見的幾種血清型，都可以施打。

　　如果想要維持的時間較長、效果較好，可以施打十三價疫苗；如果希望有最完整的保護力，可以打二十三價疫苗；如果兩個都想要，建議先施打十三價疫苗，等待一年後再施打二十三價疫苗，之後每五年

可以再次施打二十三價來維持效果。

　　雖然政府沒有全面提供公費疫苗，但一些縣市會提供六十五歲以上長者免費施打，臺塑集團也捐贈二十三價疫苗給全臺灣七十五歲以上的長者，可以致電衛生所詢問相關訊息。

　　建議有呼吸道疾病、大於五十歲的慢性病患者，或是經濟許可的朋友，可以上述方法預防肺炎。若只想注射一劑肺炎鏈球菌疫苗，那就選擇二十三價多醣體疫苗。

帶狀皰疹疫苗

　　帶狀皰疹就是俗稱的「皮蛇」，初次感染時以「水痘」呈現，後來就會到身體的神經結藏起來，等到身體狀況變差、壓力大時，便會在身上引起條狀的紅疹和水泡，也會產生神經痛。

　　這種神經痛可長可短，可能到痊癒後都持續存在，嚴重者感染到眼球周邊，還可能導致失明。

　　臺灣民眾從四十歲起發生帶狀皰疹的機會就開始上升，每三個人就有一個會感染帶狀皰疹，是很常見的感染症。

　　而且隨著年紀愈大，小時候感染水痘帶來的防護力會開始消失，發生神經痛與併發症的機會也會逐漸變高。

　　因此雖然帶狀皰疹並不致命，但施打疫苗後可以大幅減少感染的機會，即使感染了也不容易有痊癒後的神經痛，是滿值得施打的疫苗。

　　臺灣的疾病管制署建議，不管以前有沒有得過水痘或帶狀皰疹，都建議五十歲以上成人施打。

　　而對於剛得過帶狀皰疹者，施打仍可減低未來風險，只要注意帶狀皰疹發作本身，就有讓身體未來獲得保護力的效果，因此可以間隔一年以上再施打。

健康六波羅蜜之三　【營養管理】

飲食管護，三好一巧

花蓮慈濟醫院營養科營養師　劉詩玉

　　高齡時代來臨，每個人都可能歷經老化的過程或照護身邊長輩的機會。我們都知道，飲食習慣與喜好是由家庭環境開始形塑，非常難改變。但是，當思考過營養是什麼，那就是學習健康飲食與改變的開始。

長者的營養需求：老人照護飲食等於病人飲食？

　　在醫院營養諮詢診間，常遇到上了年紀的長輩，走路步伐蹣跚，直覺反應需要老人飲食衛教。然而一提起老人飲食，許多長輩直接脫口而出：「啥？我還沒那麼老啦！」

　　所有的長輩幾乎都不服老，也不想讓家裏的人知

道自己身體功能退化，不想增加兒女的擔憂和麻煩。這時就需要營養師出馬，溫馨提醒長輩，吃有營養的食物才會有力氣。

　　維持良好的營養狀況，在健康老化上扮演重要角色。長輩所需的營養，包含獲取適當的熱量（卡路里）；熱量來自於蛋白質、醣類和脂肪三大營養素，也包含身體無法自行合成的維生素和礦物質等，這些營養素在身體代謝上環環相扣。

熱量（每日所需：每公斤體重乘以二十五至三十大卡）

　　營養師說起熱量，很多長輩立即反應：「這我知道啦！我家孫女一天到晚都在說減肥，熱量高的東西不能吃！」看起來熱量此一術語已被大家熟知，但也被汙名化了。

　　適宜的熱量攝取，是維生要素的一環。每日熱量需求量，由體內基礎代謝率和日常活動量估算而來，

同時受年齡、性別、是否生病及體重變化等因素影響；長輩們的熱量需求，隨著年紀增長而變化，身體的肌肉流失，使得代謝率降低，加上長者本身活動量下降，每日熱量需求即隨之減少。

　　長者可按照以下四步驟，檢視自己的體重是否在理想範圍，並嘗試由目前的體重、活動量來計算每日所需要的熱量，評估每餐每一類食物是否吃得足夠？

　　步驟一： 利用身體質量指數（Body Mass Index,簡稱 BMI）公式，計算出自己的健康體重。成人的健康體重以 BMI=22 為標準。長者每日熱量需求，約為每公斤體重乘以二十五至三十大卡；若為體重過輕的長者（BMI≤21kg/m^2），每日熱量需求則增加至每公斤體重乘以三十二至三十八大卡。

　　BMI= 體重（公斤）÷身高（公尺）的平方（BMI=kg/m^2）

　　健康體重（公斤）=22× 身高（公尺）的平方

　　（註：BMI 不適用於未滿十八歲、運動員、懷孕或哺乳中女性、身體虛弱或久坐不動的老人）

　　步驟二：檢查自己的日常生活活動強度。偏靜態活動者，所需的熱量較低。

生活活動強度參考表

低	靜態活動，睡覺、靜臥或悠閒坐著。例：坐著看書、看電視等。
稍低	站立活動，身體活動程度較低、熱量消耗較少。例：站著說話、烹飪、開車、打電腦。
適度	身體活動程度為正常速度、熱量消耗較少。例：在公車或捷運上站著、用洗衣機洗衣服、用吸塵器打掃、散步、購物等。
高	身體活動程度較正常速度快或激烈、熱量消耗較多。例：上下樓梯、打球、騎腳踏車、有氧運動、游泳、登山、打網球、運動訓練等。

　　步驟三、四：查出自己的每日熱量需求量，及六大類食物建議份數。（如表）

　　臺灣衛生福利部國民健康署專家建議，國人飲食中合宜的三大營養素攝取量占總熱量之比例，包括蛋白質為百分之十至二十，脂肪為百分之二十至三十，醣類為百分之五十至六十。六十五歲以上長者依個人日常活動強度、每日熱量需要，依上述熱量分配原則，計算出每日飲食六大類食物建議攝取量。

年齡	六十五歲以上					
BMI	用臺灣長者 50th 百分位身高，分別計算 BMI 等於 22 時的體重					
身高（公分）	男：165					
	女：153					
體重（公斤）	男：60					
	女：52					
生活活動強度	低		稍低		適度	
性別	男	女	男	女	男	女
熱量（大卡）	1700	1400	1950	1600	2250	1800

全穀類雜糧（碗）	3	2	3	2.5	3.5	3
未精製＊（碗）	1	1	1	1	1.5	1
其他＊（碗）	2	1	2	1.5	2	2
豆蛋類（份＊）	4	4	6	4	6	5
乳品類（杯＊）	1.5	1.5	1.5	1.5	1.5	1.5
蔬菜類（份）	3	3	3	3	4	3
水果類（份）	2	2	3	2	3.5	2
油脂與堅果種子類（份）	5	4	5	5	6	5
油脂類（茶匙）	4	3	4	4	5	4
堅果種子類（份）	1	1	1	1	1	1

＊「未精製」主食品，如糙米飯、全麥食品、燕麥、玉米、地瓜等。

＊「其他」指白米飯、白麵包、白麵條、饅頭等，這部分全換成「未精製」更好。

＊豆蛋類 1 份：雞蛋 1 顆＝油豆腐 55g ＝傳統豆腐 80g ＝嫩豆腐半盒＝小方豆干 40g ＝毛豆 50g ＝豆包 30g ＝豆漿 190ml

＊乳品類 1 杯＝ 240ml

資料來源 / 每日飲食指南手冊，衛生福利部國民健康署編著

● 蛋白質（每日所需：每公斤體重乘以一點二至一點五克）

這是營養諮詢診間最常聽到的對話：「阿嬤！每天都要吃有蛋白質的食物……」

「什麼？我不敢吃蛋，吃蛋膽固醇會高啦！」

「不是啦！蛋白質是營養素，不只是蛋，豆腐也有蛋白質……」

蛋白質，是身體建造與修補組織結構的重要營養素之一，也參與體內代謝，包括身體機能運轉所需的酵素、賀爾蒙、免疫機能的抗體製造、血液養分與廢物的運送等，都需要蛋白質的貢獻，才能使身體正常運作。

對於健康的長輩，每日蛋白質建議量為每公斤體重乘以一至一點二克；但是有急性或慢性疾病的長輩則需求量提高，每日每公斤體重乘以一點二至一點五克；尤其是處於嚴重疾病、受傷或營養不良的長輩們，每日蛋白質需求更增至每公斤體重乘以兩克。反之，

若有腎臟或肝臟疾病的長輩，則要限制蛋白質攝取，建議諮詢醫療專業人員評估。

　　每天攝取適量的熱量，才能讓蛋白質發揮應有的效用，就是每餐也要吃飯，不能只吃某種蛋白質食物而已。長輩平日三餐可由國健署《每日飲食指南》六大類食物中的豆蛋類及乳品類食物，獲取優質蛋白質，建議每日攝取一點五杯乳品、**豆蛋類每日四至六份**。

　　● **維生素D（建議量：每日六百國際單位（IU），上限攝取量：每日兩千國際單位（IU））**

　　每當遇到自骨科轉診過來的阿嬤，最常見的飲食問題就是：「醫師和我講，我這骨頭若是要好，要吃有『豬』的食物，那是啥？」原來是維生素D。

　　維生素D可促進體內鈣質吸收，調節血中鈣濃度恆定。透過日晒與食物攝取，皆能增加體內的維生素D含量。

　　說到醫學專業，身體內的維生素D須經由肝、腎

的作用，才能轉換為活化型態；隨著長輩年紀增長，皮膚透過日晒轉換成維生素 D 的能力下降、飲食攝取不足、相關藥物影響、甚至肝腎疾病等問題，皆可能減少體內維生素 D 含量與作用。通常醫師會建議長輩服用維生素 D 保健食品，每日建議量為六百國際單位（IU）。

平日生活可以做到維生素 D 補充，只要走出家門運動時，不要撐傘和擦拭過多防晒乳，只要在戶外晒太陽十至二十分鐘就可以獲取。另外，素食長輩的維生素 D 主要來源為蛋及乳品類，也可由**蔬菜類中的杏鮑菇、香菇等維生素 D 含量較高的菇類獲得**。

鈣質（建議量：每日一千毫克，上限攝取量：每日兩千五百毫克）

電視廣告健康食品，「鈣片」總是賣得最好的，但是否每個長輩都需要吃鈣片？

首先，鈣是構成身體骨骼與牙齒的主要成分，亦

和肌肉收縮及維持心臟正常收縮、神經感應性有關。當我們邁入中老年後，骨的合成速度慢於分解速度，使得骨質密度下降。若長輩每天飲食不均衡，或者更年期以後的阿嬤體內激素濃度變化，皆會提高骨質疏鬆的機率。

　　除了鈣片外，鈣質含量豐富的食物包含乳製品、豆類、濃豆漿、傳統豆腐、杏仁與芝麻、十字花科蔬菜，如甘藍菜、青花菜、花椰菜、包心菜等；其中**乳製品鈣含量最高**，一杯奶品含有兩百七十八毫克鈣質，且容易被人體吸收，**建議一天一點五至兩杯乳品**。

　　也可以在奶品內添加兩匙三十克芝麻粉，這樣的芝麻奶一杯含有七百一十三毫克的鈣質喔！至於喝奶會拉肚子、乳糖不耐的長輩，可選擇發酵乳取代；或者試試起司片，兩片起司片就有兩百七十三毫克鈣質，無論當作早餐夾入雜糧吐司，或做成義式料理，都可以攝取到足夠的鈣質。

　　此外，長輩需避免攝取過多抑制鈣吸收與促使鈣

流失的食物，如含草酸或植酸及大量咖啡因的食物（黑咖啡、濃茶、巧克力等）、高油脂飲食（如炸物、肥肉）等，但是可以喝自製的加奶品的奶茶。

● 葉酸（建議量：每日四百微克，上限攝取量：每日一千微克）與維生素 B12（建議量：每日二點四微克）

說到葉酸，很多長輩可能不認識這營養素，但若家中有懷孕的女兒或媳婦，應該就聽過醫師說懷孕時要補充葉酸。葉酸和維生素 B12，均因年紀增長而有缺乏風險。

維生素 B12 會影響葉酸的生理代謝，B12 攝取不足或長期服用阿斯匹靈、抗發炎、抗痙攣等藥物的長輩，最容易缺乏葉酸。當人體缺乏葉酸時，易伴有貧血、免疫功能下降、胃腸黏膜不全而持續性腹瀉、神經功能問題等症狀。

B12 缺乏和神經系統缺陷及惡性貧血有關。接受

全胃切除手術、老化、胃腸道疾病（如胃炎）、長期使用制酸劑藥物、抗潰瘍藥物者，及長期吃全素者，皆為 B12 缺乏的高風險群。

　　長輩通常是在抽血檢查後，才發現需要補充 B12 以避免併發症，一般治療滿一個月後會複檢確認，之後每月依照病人狀況追蹤，若狀況穩定，每隔半年或一年定期追蹤即可。

　　葉酸的主要食物來源為穀類製品、營養強化的麥片、豆類、深綠色蔬菜、蛋、柳橙等。選擇新鮮蔬果且縮短加熱烹調時間，可以減少對維生素 C 及葉酸的破壞。

　　維生素 B12 以動物性食物含量高；然而蛋奶素長輩，能藉由攝取乳品及蛋類獲得；全素食長者則僅由納豆、泡菜等（藉由發酵或釀造之微生物作用，合成少量維生素 B12）獲取。

　　因此，**長期嚴格素食的長輩，容易缺乏維生素 B12，建議依醫囑補充營養強化的保健食品。**

● 鐵質（建議量：每日十毫克，上限攝取量：每日四十毫克）

「鐵」和「鈣」一樣被家家戶戶知曉。

過去曾聽長輩說，用鐵鍋煮菜一樣能補鐵。感覺好像有點道理，但事實上鑄鐵鍋用的是三價鐵，人體無法直接吸收，除非高溫烹調或使用酸性食物，才能溶出變成二價鐵，但二價鐵的吸收率也僅約百分之七點五，效果很差。

「鐵」的生理功能與免疫機能對抗感染效力、血紅素生合成、神經腦部認知等有關，大部分年長者易因飲食攝取量不均衡或疾病造成血液流失而缺鐵。

素食長輩以豆類、綠色蔬菜及全穀類為主要鐵質的食物來源；同時攝取含維生素 C 及檸檬酸等酸性食物，可促進鐵質的吸收。

反之，茶或咖啡中的單寧酸會抑制鐵的吸收。另外，**服用鐵補充劑時，應避免與鈣片同時服用，以免兩者相互影響而抑制鐵的吸收。**

● 水（每日所需：每公斤體重乘以三十毫升）

每個人都知道水很重要，但是部分長輩不願意喝水，尤其行動不便的長輩，覺得上廁所是件麻煩別人的事。

水占人體總重百分之五十至七十，血液中百分之九十組成為水分，充足的水分能使血液流通順暢，將養分運到身體各處，並幫助廢物及毒素的排除。水亦為關節、肌肉間潤滑系統的主要成分。

隨著長輩年紀增長，口渴反應的敏感性降低、相關藥物的使用（如利尿劑）、攝取利尿的飲品（如含咖啡因飲品），皆增加長輩脫水的風險。

長輩的每日水分攝取建議量為**每公斤體重乘以三十毫升**，以七十公斤為例，則需要至少兩千一百毫升。此外，水分需要量與身體活動、氣溫、體溫、排泄量等有關。

體重較重、排汗量大、尿酸高、有痛風或腎結石等的長者，需要補充更多的水分；患有腎臟病、心臟

病或嚴重水腫等問題，則須控制水分攝取。

　　長輩攝取足夠水分的小撇步，可以試著固定飲水時間及飲水容器，將一天所需的水分裝好在容器中，分配時間規律性飲用完畢。

長者需特別留意攝取的營養素

營養素（每日建議量）	食物來源	促進因子	影響因子
維生素 D（600IU/ 天）	蛋、乳品類	日晒 10~20 分鐘	肝腎疾病會影響體內維生素 D 含量與作用
鈣質（1000mg/ 天）	乳製品、豆類、豆漿、豆腐、杏仁、芝麻及十字花科蔬菜	足夠的維生素 D 及維生素 C	含草酸或植酸的食物、高油脂飲食、大量咖啡因、服用利尿劑

維生素 C （100mg/ 天）	水果和蔬菜	每日 2~3.5 份水果， 以達每日建 議需求量	食物經高溫 烹煮或過度 加工
葉酸 （400mcg/ 天）	穀類製品、 營養強化的 麥片、 豆類、 深綠色蔬 菜、蛋、 柳橙	食物中的維 生素 C 可減 少葉酸受氧 化破壞	缺乏維生素 B12、 服用阿斯匹 靈、抗發 炎、抗痙攣 等藥物
維生素 B12 （2.4mcg/ 天）	雞蛋和奶製 品、發酵或 釀造植物 性食物如納 豆、泡菜	建議長期嚴 格素食長 者，可補充 營養強化食 品	制酸劑藥 物、胃腸道 疾病與手術 會影響維生 素 B12 的吸 收
鐵質 （10mg/ 天）	豆類、綠色 蔬菜、 全穀類	維生素 C、 檸檬酸等酸 性食物	茶或咖啡中 的單寧酸、 同時服用鐵 補充劑與鈣 片

吃多少？從數字的束縛中解脫吧！認識活用「我的手」

　　認識長者每日所需的營養素後，接下來就是「吃多少」的問題。

　　現在已經很少不識字的人了，但是七十歲以上的長輩可能只會閩南語或客語。為了照顧長輩，不斷將專業化術語變得容易理解，像是國健署的二〇一八年版《每日飲食指南》，就用彩色圖案和簡易標語，讓長輩們更容易記得並做到。

　　營養師們也利用生活上隨手可得的工具，例如吃飯用的瓷碗、喝湯的湯匙，或是**直接用「您的手」**，運用「拳頭」及「掌心」等作為單位，來**了解及換算每日飲食分量**。

　　● **全穀雜糧類（每日二至三點五碗）**

　　「全穀雜糧類」聽起來感覺很複雜，其實就是我們每餐吃的飯和麵。然而，隨著健康意識抬頭，原本長輩認為最營養的飯是晶瑩剔透的白米飯，但真正營

養的是略硬的糙米飯，無論男女老幼，現在開始都該練習吃全穀雜糧。

全穀雜糧提供醣類、維生素 B 群、維生素 E 及膳食纖維，是人體所需熱量的主要來源，包含穀類、乾豆類、小麥、澱粉類蔬菜及其製品。若細分，穀類包括米、麥等；乾豆類則包括鷹嘴豆、紅豆、綠豆等澱粉質豆科類，但不包括蛋白質含量較高的毛豆、黃豆、黑豆；澱粉類蔬菜包含南瓜、山藥、地瓜等，煮熟後口感綿密的食物，尤其地瓜更是所有長輩的兒時回憶。

長輩到了年紀，常吃不下過多飯量，可以家裏吃飯的「碗」來計量。建議餐食有三分之一是未精製的「維持原態主食」，就是以全穀類米飯取代白米飯，例如五穀飯、紫米飯、糙米飯、全麥麵包。

現代食品經過加工，維生素 B 群易流失；保有穀粒、顏色較深沈的全穀雜糧製品，相較於精緻的白飯、白麵包等，可以吃到天然的美味及維生素 B 群、纖維質等。若長輩因牙口問題，吃不下乾飯，可把飯煮得

較軟，煮飯時多加半杯水，不需要馬上改吃稀飯；也可選擇吃軟質的餛飩、水餃，增加飲食變化。

● 豆蛋類（每日四至六手掌心量）

說到長輩營養的重要點「蛋白質」了！食物當中的豆魚蛋肉類是蛋白質的主要來源，為預防肌少症，建議長輩攝取優質的蛋白質食物，並以「豆類」為優先，就是毛豆、黃豆、黑豆等。

豆製品除了含有優質植物性蛋白質、植物固醇、植化素等外，且有大豆異黃酮可以抗氧化，豆油的 α-亞麻酸含量高，可提供人體無法自行合成的必需脂肪酸，雖然大豆蛋白的甲硫胺酸（一種人體必需胺基酸）含量稍低，但可和富含甲硫胺酸的穀類、堅果類同食互補，例如最具營養價值的黃豆糙米飯、納豆飯、毛豆炊飯、堅果豆奶等。

說到蛋，長輩都說又愛又怕。那是因為蛋類的膽固醇含量高（每顆兩百五十毫克）而有此錯覺，事實

上，人體的膽固醇來源，飲食僅占三分之一，有三分之二是人體自行合成的。若沒有膽固醇相關疾病、高血脂、家族性心臟血管疾病等醫囑特別吩咐者，不須特別排斥食用蛋類，尤其是蛋奶素長輩可以一天食用一顆蛋。蛋類富含卵磷脂，有助體內的膽固醇代謝，並含有人體多種必需胺基酸，**真的是素食長輩補充蛋白質的好來源。**

　　一份豆蛋類，以長輩攤開手掌，相當於掌心一半大小。另外，素食長輩早餐最常食用的豆漿一杯，大約一百九十毫升，或者四方形小豆干兩塊，或嫩豆腐半盒，或四角油豆腐一塊。

一份豆蛋類＝
半盒嫩豆腐＝
半個手掌心量

一份蔬菜＝
100g青花椰菜＝
一個拳頭量

● 蔬菜類（每日三至四拳頭大）

一份「蔬菜類」，約是長輩一個拳頭的量，也相當一小碟「熟蔬菜」的分量。

蔬菜類包含葉菜類、花菜類、根菜類、果菜類、豆菜類、菇類、海菜類等，建議長輩可以在傳統市場，選擇當季在地的新鮮蔬菜。

蔬菜類除了有豐富的水溶性及非水溶性纖維外，也提供多樣化的植化素，具有抗發炎、抗癌功用。紅色的蔬菜，如番茄可以提供茄紅素；橘黃色的蔬菜，如甜椒可以提供葉黃素；紫色的蔬菜，如茄子、紫高麗菜可以提供花青素。

此外，深綠色蔬菜富含礦物質鈣、鉀，建議長輩每天飲食有三分之一的蔬菜為深綠色蔬菜。

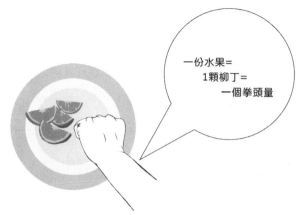

一份水果＝
1顆柳丁＝
　一個拳頭量

● 水果類（每日二至三點五拳頭量）

「阿公！今天有沒有吃水果？」

「水果這麼甜，我不敢吃啦！」或是「水果那麼酸，我只吃香蕉！」

水果具有不同種類、大小重量及甜度，大致來說，**一份略**等於一個拳頭大小。建議**選擇在地和當季**的水果，不但價格適宜，且農藥殘留少，像是夏天吃西瓜、冬天吃柳丁等柑橘類。

然而，臺灣果農的確厲害，種植的水果糖分皆高。而且過年時會有果乾零食，例如鳳梨乾或芒果乾等，若再加上果汁，就容易攝取過多的糖分及熱量，患有糖尿病的長輩需要適量。

乳品類（每日一點五杯）

很多阿公阿嬤不敢吃水果，也不敢喝牛奶，因為會拉肚子。但營養師一直鼓勵長輩喝牛奶，是為了補充鈣質。天然食物中，牛奶所含的鈣質最豐富，且吸收率高。

一杯乳品類，約為一個馬克杯的量。依二〇一三至二〇一六年國民營養健康狀況變遷調查結果，國人對乳品類普遍攝取不足，長輩們實際攝取量只有零點四份，才九十六毫升。

如果長輩們有乳糖不耐症，可以試著喝發酵乳品，例如優酪乳或優格，或者在茶品內添加乳品成奶茶也可行。

油脂與堅果種子類（每日油脂三至五茶匙，堅果種子拇指量）

一份「油脂與堅果種子」相當於手指一指節的大小；若是烹調液體食用油，大約是一茶匙。

一份堅果種子＝
10粒花生仁＝
一拇指量多

　　現代人的飲食，烹調用的油多半足夠、甚至過多，但是堅果類卻攝取不足。油脂與堅果種子類有豐富的脂肪，除了提供熱量外，也可幫助脂溶性營養素如維生素 A、D、E、K 的吸收、潤滑保護人體器官、構成激素。有些烹調用油如大豆油、葵花油含有豐富的維生素 E，幫助體內抗氧化。

　　如何選擇好油、避免壞油？通常來說，**在室溫下呈現液態的植物油，富含不飽和脂肪酸**，是較健康的選擇；若在室溫下呈現固態的植物性油脂，例如椰子油、瑪琪琳和動物油等，則建議少食用。瑪琪琳是植物性人造奶油，含有反式脂肪酸，會增加心血管疾病風險。

　　堅果種子類和液態油相比，含有較高植物性蛋白

質，可以幫素食長輩們獲取優質蛋白質。選擇上，除了注意保存期限外，盡量以無調味及包裝良好者為佳。

　　世界各國都有屬於自己國家的每日飲食指南或飲食建議，專家學者也發展出五花八門的飲食法，建議長輩可以思考各種飲食法背後的健康涵義，逐步融入自己的生活與飲食中，找到「最適合自己」的飲食法。

　　溫馨提醒長輩在日常飲食時，挑選任何菜色前，只要先伸出雙手、拳頭和拇指來比一比，就能讓營養攝取更加均衡。另外，現行國人生活漸趨於靜態，建議長輩可以每日適當運動，並且攝取足夠水分。

如何吃？營養師給長輩的處方

　　了解長者每日應該吃多少食物分量後，接下來就是「如何吃」的問題。

　　對多數長輩而言，要達到每日食物的建議分量，並不是件容易的事！因為長輩身體功能逐漸退化，尤其是「口腔」及「腸胃道」，都直接影響飲食生活。

當長輩們簡單喝個水都會嗆到，吃東西時就更易受到威脅，吃不下、吃不好，成了營養不良的高風險群。

為了了解人民飲食習慣，中研院做過全國性問卷調查。依據二〇一三至二〇一六年國民營養健康狀況變遷調查結果顯示，六十五至七十四歲長輩們，每日攝取奶類僅達零點四份、水果類一點六份及堅果零點七份，而每日蔬菜攝取達三份的長者也僅有百分之二十點九，導致蛋白質、部分維生素與礦物質、鈣質、膳食纖維不足。所以，依據國健署統計，發現約有百分之四十的長輩會有營養不均衡的問題。

白天孩子們上班，長輩懶於自己烹調午餐，結果就如「蝴蝶效應」一樣，導致飲食攝取量與食欲的一連串連鎖反應。

依長輩的生理功能變化，例如咀嚼或吞嚥困難和味覺嗅覺的改變，調整飲食製備，能促進長輩的進食意願。長輩們千萬不要因為過於擔憂吞嚥，而因「嚥」廢食，恐加速骨力、肌力及腦力的退化。

二〇一三至二〇一六年國民營養健康狀況變遷
調查結果與建議

65 至 74 歲長者	
調查結果	營養師的營養處方
每日攝取奶類僅達 0.4 份	建議每日 1 杯馬克杯的乳品類或優酪乳，或 2 片起司。
每日攝取水果類僅 1.6 份	建議每日 2~3.5 拳頭量水果，可選擇較軟質水果，例如黃色奇異果 1 又 1/2 個、木瓜 1/3 個，來增加長輩攝取意願。
每日攝取堅果僅 0.7 份	建議每日堅果種子拇指量多，可以先從利於取得的種類開始，例如軟軟的水煮花生仁 10 粒。
每日蔬菜攝取未達 3 份	建議每日 3~4 拳頭大蔬菜量，料理時可將蔬菜類切細碎或小丁狀，或選擇軟質瓜類蔬菜，例如絲瓜、大黃瓜。

咀嚼或吞嚥困難

長輩的口腔能力減退，像是牙齒數目減少、唾液分泌不足、疾病及疼痛等問題，導致咀嚼時的「工具」不夠完備，使咀嚼或吞嚥變得困難，出現食欲不佳、嗆咳及飲食攝取量下降，進而使體重減輕、肌肉量減少，肌肉力量減弱，這就是新聞和網路常談到的「長者肌少症」。

然而，咀嚼或吞嚥困難和肌少症的因果關係，目前仍處於模糊地帶，究竟是吞嚥困難以至於營養不足而導致肌少症，抑或是肌少症導致吞嚥相關的肌肉群缺乏力氣，造成咀嚼或吞嚥困難？無論如何，最重要的是預防長輩們營養不良。

若長輩有咀嚼問題，飲食上可以採用軟質易消化的食物，如蒸蛋、軟飯、豆腐等；蔬菜類則選擇纖維較細的葉菜類、瓜果類，如地瓜葉、大白菜、冬瓜、茄子、牛番茄等。經由廚房工具做前處理，如食物調理機攪打改善食物質地（**菜渣不要濾掉，保留纖維**

素）；又如以廚房剪刀，將食物剪成薄片或小丁狀等，方便食用。

　　吞嚥能力差的長者，製備食物時可以添加天然增稠劑，例如山藥、藕粉等薯類，成均質化糊狀食。

● 味覺嗅覺改變

　　當長輩味蕾改變，可能對酸味或辣味敏感，對鹹味和甜味則更加喜愛，喜好的迎合與拿捏，考驗著備餐者的溝通力。烹調食物時，可加入醋、檸檬、鳳梨、番茄等酸味食材；或以蔥、薑、蒜、洋蔥、辣椒、胡椒、咖哩、迷迭香、義大利香料等辛香料做調味；或中藥材如枸杞、當歸、八角、肉桂等，呈現不同風味來促進長輩的食欲。與家人朋友共享餐食，增加進食的樂趣也是不錯的方式。

　　部分有慢性疾病的長輩可能因疾病因素，經由醫師或營養師建議採限制性飲食，如低鹽或低膽固醇食物，這些飲食通常較無色無味，不受長輩的喜愛，也

會減少總攝食量。

　　針對長輩的飲食控制要放寬鬆綁，依需求選擇合適食譜；有時另外特製餐食，反而會引發長輩們的不安與焦躁感，製備全家人可食營養均衡、質地可口的餐食，日常飲食多做變化，以長輩吃得下為最高原則。

長者咀嚼或吞嚥困難飲食對策

飲食障礙	對策	工具	舉例說明
咀嚼困難	改變質地	菜刀、剪刀	前置處理細切或軟化
吞嚥困難	吞嚥檢查與好吞飲食	果汁機、食物調理機	山藥、藕粉等薯類
味覺嗅覺改變	增加飲食色澤	天然調味料或香料	檸檬、迷迭香、八角等

吃什麼？選對食材用對方法，才是健康老化關鍵

　　臺灣走向超高齡社會，「健康老化」的議題愈來愈受到重視。針對長者常見的疾病症狀，都有可行的改善策略。

● 肌少症和衰弱症

　　「我沒有肌肉變少，愈老體重愈重！醫師說我要減肥，血糖才好控制啊！」

　　很多長輩不清楚什麼是「肌少症」，單純以為是體重變輕變少；肌少症顧名思義就是肌肉量流失、肌力不足的病症。飲食中的蛋白質是維持、建構肌肉的重要因子，一般人在三十歲之後，體內骨骼肌肉量每十年約減少百分之三至八，隨著年紀增長，肌肉流失速度愈快。

　　類似於肌少症的是「衰弱症」，是指生理表現能力下降，低於原本年紀該有的程度，共五項衰弱的生理外在表徵，符合一至二項為衰弱前期，大於等於三

項為衰弱；包括過去一年內，非刻意的體重減輕四至五公斤、虛弱（手握力下降、下肢肌力下降）、自己表示經常感到疲憊和衰竭、活動力變弱，及明顯減少身體活動量等。長輩最常感受到的，像是爬樓梯沒力、走路很慢、如廁後無法立刻站起來等。

　　無論是肌少症還是衰弱症，可透過富含蛋白質食物的攝取及運動，做預防及改善症狀。

● 骨質疏鬆症

　　說到骨質疏鬆症，幾乎長輩們都知道此症頭，若是跌倒，要好久才會好轉。

　　骨質密度隨著年齡增加會持續流失，也因缺乏運動、鈣質攝取不足、日照不足、女性停經後缺乏動情激素等因素加速嚴重度。飲食中適當補充鈣質，可以減緩骨質流失的速度，鼓勵長輩多攝取富含鈣質食物，例如奶類、堅果類等高鈣食物。此外，避免攝取過多的礦物質「磷」，易導致骨鈣釋出。市售的碳酸飲料、

可樂等，即含有高量的磷。

飲食中除了鈣質的攝取及補充鈣片外，培養戶外運動習慣也是必須的，陽光能使身體產生維生素 D，而體內維生素 D 的合成及濃度維持，對骨鈣的維持相當重要。

● 糖尿病

部分患有糖尿病的長輩，因為擔心血糖太高，而不敢吃白米飯或只吃幾口。其實身體很多器官如腦部、肝臟、肌肉等，都需要醣類作為能量來源，攝取不足會造成身體釋放更多血糖，造成血糖控制不平穩。

建議長輩每餐固定攝取半碗到八分滿的米飯，並且適量添加富含膳食纖維的全穀類，例如紫米、黑米、糙米等。烹調方式可以糙米一杯加白米一杯或紫米一杯加白米一杯，多加半杯水煮成軟軟的米飯，增加長輩進食意願。

我們必須提醒長輩留意，針對網路、電視或地下

廣播電臺報導，吃肉桂粉、薑黃粉、苦瓜胜肽、芭樂葉、蜂王乳等保健食品，說會降血糖！然而這些保健食品目前並無相關科學數據，建議長者仍須依照醫囑正常用藥，避免自行亂服保健食品。

飲食分量控制是重點，只要依《每日飲食指南》進食，幾乎所有食物都可吃，均衡飲食是王道。

● 心血管疾病

當長輩牙齒咀嚼能力不佳時，常會攝取一些軟的食物，但這些食物往往都是高飽和脂肪及高膽固醇，如肥肉類；若是平日運動量少，脂肪容易沈積在血管內壁，使得血管變薄變脆，導致動脈粥狀硬化，增加心血管疾病發生率。適當飲食選擇、規律的三餐和運動，對所有長輩來說都是很重要的。

過去認為高醣類飲食可能引起高三酸甘油脂血症，但是近來研究數據顯示，攝取全穀雜糧類，且總攝取熱量控制在每日需求量內，對長輩和高血脂病人，

並不會造成血液三酸甘油脂增高。

　　降低食物中脂肪攝取量，能有效降低心血管疾病風險。飽和脂肪酸，例如動物性豬油、雞油等，會使血膽固醇濃度增加；最可怕的是富含反式脂肪酸的食物，例如糕點、麵包等，盡量避免攝取。平日家裏炒菜建議使用植物性油脂，如亞麻籽油、橄欖油、芥花籽油、苦茶油等。

　　另外，罐裝果汁、飲料或汽水、路邊手搖飲的果糖含量太多，容易轉換成脂肪儲存在體內，亦增加心血管疾病風險。

● 高血壓

　　患有高血壓的長輩，除規律服用降血壓藥物外，飲食生活還須減少高鹽分加工食品，如麵線、泡麵、豆腐乳、醬瓜、鹹菜、蜜餞等。建議長輩多食用富含纖維質的新鮮蔬菜類，及富含礦物質鉀且較軟質的水果，如香蕉、木瓜、奇異果等，有助於血壓控制。

平日烹調食物的控鹽小技巧，「一山不容二虎」，可適量添加鹽巴，不再額外加調味料；或只添加調味料例如豆瓣醬、沙茶醬、甜麵醬、紅糟醬等，增加口味變化，但是不再加鹽巴。

有些長輩有早上喝咖啡的習慣，咖啡因已被證明具有急性升高血壓的作用，建議在下午兩點前喝就好。根據研究報告，綠茶或紅茶具有輕微降低血壓的作用，建議嗜好茶飲的長者，也要正常適量飲用；部分學者建議早上喝咖啡，下午喝紅茶。

● 失智症

近年來，全世界都在討論失智症，很多長輩也擔憂自己失智，頭腦不清楚，忘記回家的路。

根據國內失智長輩日常飲食生活研究，約有百分之三十以上長輩出現飲食障礙，包括吃過量或拒吃，導致營養不良（過胖或過瘦）。當我們感覺長輩胃口不太好時，須耐心觀察癥結所在，並運用些小技巧來

幫助長者。

　　當失智長輩不記得何時吃的飯，或者是否吃過飯，而不斷要求吃飯時，可以考慮做多分少量的餐點，中間增加兩到三次副餐，如較濃稠的飲料奶昔，或柔軟的食物，如炒蛋。吃飯時間環境保持單純，採用緩慢放鬆的進食方式，並確保吃飯過程中不會被打斷。最重要的是一次僅吃一或兩種簡單食物，可以讓失智長輩養成先吃蔬菜，再吃豆腐的習慣，並將食物裝盛在一碗內，讓長者可以專心地吃完手中的食物。

　　根據多項研究報告，地中海飲食能降低阿茲海默症合併有血管型失智症的風險，所以平日飲食可以增加地中海飲食食物，包含各種生鮮蔬菜及水果、穀物、豆類及堅果類，及富含不飽和脂肪酸的植物油（特別是橄欖油）。這類食物富含天然抗氧化物，能減緩老化，進而延緩失智。

　　雖然無法治癒慢性病，但可以改變飲食習慣、培養健康良好的生活態度、保持愉快的心情，避免疾病

症狀的惡化，過上相對健康獨立的生活。

長者病症和慢性病飲食管理對策

病症	飲食管理對策
肌少症 衰弱症	六大類食物中富含蛋白質食物需攝取足夠及規律運動
骨質疏鬆症	攝取富含鈣質食物，例如奶類、堅果類等 培養戶外運動習慣，陽光能使身體產生維生素 D
糖尿病	適量攝取富含膳食纖維的全穀雜糧類 依照《每日飲食指南》均衡飲食
心血管疾病	平日飲食應採均衡定量 避免攝取富含飽和脂肪酸和反式脂肪酸的食物
高血壓	減少額外攝取高鹽分加工食品 多食用富含纖維質和礦物質鉀的蔬果類
失智症	多分少量的餐點 一次僅吃一或兩種簡單的食物

輕鬆做到三好一巧！一飯一菜一湯，營養足夠沒問題

營養是生命的磐石，每天的飲食是健康老化、活躍老化的關鍵。做得到、吃得下最重要，以國健署的「三好一巧」為飲食原則，與長輩分享如何吃得下、吃得夠、吃得對、吃得巧！

● 吃得下

有下廚經驗的長輩，都知道食物經加熱後，質地軟硬度和外觀容易呈現暗褐色的糊狀餐點，這樣的色澤容易影響食欲及食用性。

購買食材時，盡量選擇質地較軟的食物，或在進行前處理時，配合刀工將食材切細碎、切短。其次，色香味俱全是促進食欲的第一步，食物製備時可考量各種顏色搭配，避免顏色單調或暗沈，黃色、綠色等明亮色較易促進食欲。烹調時避免使用複雜的香料，建議每餐以一種香料提味為佳，以免摻雜過多味道，例如香菜、蒜味、蔥味交雜。

吃得夠

長輩常因擔憂本身的慢性疾病，或因牙齒鬆動、缺牙、假牙咬合不良等因素導致咀嚼困難，進而進食量減少，造成熱量、營養素的攝取不足、飲食不均衡。建議長輩日常三餐時，能吃盡量吃，或是運用少量多餐方式，增加餐與餐之間的點心攝取，尤其是營養豐富的點心，以提升一日所需熱量與營養。

吃得對

有些獨居長輩常因獨自用餐，而在家隨便吃一吃，或因為養生、疾病、網路傳言等原因，造成少油、少吃的飲食型態，甚至自設多重飲食禁忌。建議長輩飲食應攝取多樣化的蔬果類、使用天然調味料烹調、搭配全穀類，並且每餐正餐要吃富含蛋白質食物如蛋、豆腐等。不吃蛋的素食長輩，可由豆類及各種堅果類如花生、核桃、杏仁、腰果等食物中獲取優質蛋白質，且盡可能每天一杯奶，達到每日均衡攝取六大類食物。

● 吃得巧

所謂一樣米養百樣人，有的人愛吃鹹，有人愛清淡，有人懂得欣賞苦瓜，有人從小吃太多地瓜而抗拒排斥它。廚藝再高超的大師，都難以做出一道可以滿足所有人的菜。

照顧長輩飲食時用點心思，烹調料理可選擇較軟的食材，並運用少量擺盤及添加天然調味料等小技巧，增添餐點風味。最重要的是透過家人、親友陪伴用餐，更能提升長輩飲食動機。

國民健康署的「三好一巧」飲食原則

三好一巧	飲食技巧
吃得下	善用烹飪技巧助吞咬
吃得夠	少量多餐能吃盡量吃
吃得對	每天吃足六大類食物
吃得巧	小技巧讓餐餐更有味

　　若牙口不好，長輩常在家隨便吃，或吃一煮再煮的剩菜。子女照顧長輩時間瑣碎，很難花太多時間在廚房細心備餐或餵食，到底該怎麼輕鬆備餐，又能兼顧營養呢？

　　其實，只要利用家家戶戶都有的廚房工具，如電鍋、食物調理機或食物剪刀等簡單烹煮，亦能節省備餐時間。

　　相較於第一次吃的新口味，長輩會覺得自己熟悉的家常菜比較美味。

　　以往常吃的料理，長輩現在食用上有點困難，只要利用小技巧就能變得容易咀嚼、方便吞嚥，即使一飯一菜一湯的家常料理，也能美味又兼顧營養。

　　以下食譜可利用在照顧長輩或長輩自備餐食，大家可以試試看！

▌█ 覺得蛋白質吃不夠的時候，多加一道豆花點心——雪蓮子黑豆花甜湯

食材：雪蓮子（鷹嘴豆）一百公克、現成黑豆花一百公克、水兩百毫升、冰糖適量。

作法：

1. 雪蓮子加水冷藏泡一晚，使其吸收水分膨脹，隔天瀝乾備用。

2. 使用電鍋，內鍋加入超過雪蓮子的水量，外鍋放一杯水蒸煮，開關跳起後調味，加入冰糖及黑豆花食用。

▋■ 想要再多加一道菜的時候，自製小菜或常備菜——味噌拌櫛瓜

食材：櫛瓜（綠的或黃的都可以）兩條、味噌一大匙、砂糖一小匙、芝麻少許、橄欖油適量。

作法：

1. 櫛瓜洗乾淨不用削皮切薄片，直接放入烤箱，兩百度烤約十五分鐘。

2. 烤好的櫛瓜拌上味噌、砂糖和橄欖油混合均勻，灑上芝麻即可食。

3. 可熱食，也可以放入冰箱冷藏，不宜放太久，盡量三日內吃完。

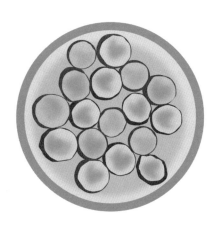

▌▓ 有助吞嚥食物，營養加分——福慧粥

食材：糯米一百克、紅豆、生腰果、桂圓、紫米、紅棗、花生仁、薏仁各五十克、黑糖適量。

作法：

1. 將所有食材略微沖水，瀝乾。放入壓力鍋，鍋內加水至指定高度。

2. 蓋好鍋蓋，開大火，待氣閥上升後轉中小火，煮一小時。

3. 一小時後熄火，等氣閥下降再開鍋，乘熱加入黑糖即可。

健康六波羅蜜之四

【運動】

高齡運動，多動多福

花蓮慈濟醫院復健科醫師　洪裕洲

　　運動與健康息息相關，現代人普遍壽命增長，如何活得長又能活得好，規律運動就扮演著非常重要的一環！

　　運動量不足，會導致慢性病，甚至衰弱症，造成日常功能下降，增加醫療支出，提高各種死亡率，例如：心血管疾病、高血壓、糖尿病、中風、大腸癌與乳癌；甚至還會引起認知障礙、憂鬱、肥胖、骨質疏鬆與肌少症。

　　相反的，增加運動量，除了降低上述疾病的發生率，並且可以減少疼痛，降低受傷的機率，運動可以代謝血糖、消耗能量、控制體重，鍛鍊肌肉，不但可

以改善很多慢性病，更能讓長者的生命充滿活力，可以說是世界第一等的靈藥。

運動不足名列全球十大死因第四名

全球十大死亡危險因子的前五名，依序是高血壓占百分之十三、抽菸占百分之九、高血糖占百分之六、缺乏身體活動占百分之六、超重和肥胖占百分之五，也就是說，根據 WHO（世界衛生組織）的統計，運動量不足被歸類為全球十大死亡危險因子的第四名。如果增加運動量，壽命平均可以增加零點六八年。

根據發表於《刺胳針（The Lancet）》國際醫學期刊的一篇文獻，如果運動量不足的人口比例能降低百分之二十五，則全球每年死亡人數會因此減少一千三百萬人。

美國心臟學會自一九九〇年起，將運動量不足列為心血管疾病的危險因子之一，就像是控制糖尿病、高血壓、高膽固醇、肥胖、吸菸這些危險因子，醫療

專業人員應定期追蹤病人的身體活動量，而民眾也應該關心自己的身體活動量，就像是每天關心血壓、血糖一樣。

照顧長者健康，兼顧有氧、肌力和平衡訓練

首先，讓我們先認識身體活動的種類，包括上下班的過程、工作上的活動、做家事和運動。日常生活中固定的運動習慣有益健康，但運動時間占日常生活時間的比重小，運動之外的時間實際上才是生命中大部分的時間。

所以，除了有固定的運動習慣可以促進健康，如果能在上下班的過程中、工作時間裏或做家事的過程中，增加身體活動的比例，可以說是一件重要且有效的策略。

那麼運動是什麼？ WHO 對於老人運動的建議，提到了有氧運動（或稱為耐力訓練 aerobic physical activity）、肌力訓練（或稱為重量訓練 muscle strengthening activity）、柔軟度訓練（flexibility）及平衡訓練（balance）。

有氧運動是以大肌群為主，具節奏性、能持續進行至少十分鐘的活動，運動時會讓心臟跳得比平常快。常見的有氧運動包括：健走、跑步、騎腳踏車、跳舞、游泳。

肌力訓練是以增加肌肉強度及體積為目標的運動訓練，不一定得上健身房才能進行重量訓練，仰臥起坐與伏地挺身，舉啞鈴或舉水瓶，都算是肌力訓練。對於高齡虛弱的長者，從坐姿起立站起，也算是肌力訓練。

平衡訓練可以改善動態與靜態下的身體平衡，加強神經動作控制，例如扶著東西單腳站立，這樣的訓練可以避免跌倒，有益於高齡長者預防骨折。

柔軟度訓練則是藉由伸展活動來增進或維持關節活動，可以避免關節攣縮變形，有助於維持日常活動獨立自主的能力。譬如穿衣物、拿取不同高度的日常

用品，都需要有靈活的關節協助活動。

有氧運動、肌力訓練、柔軟度訓練和平衡訓練各有其優點。很多關於健康促進的運動處方都會強調有氧運動，著重於增進心肺功能。

但近幾年來，關於老人的運動處方，愈來愈強調肌力訓練與平衡訓練，因為有足夠的肌力才能行走自如，生活獨立，有良好的平衡感才不會跌倒。

許多老人常因為跌倒骨折後臥床，進而產生各種併發症，透過訓練有了良好的肌力與平衡感，才能安全且有效率地進行有氧運動。

根據 WHO 的建議，運動的強度最好達到中度以上。什麼是運動的強度，要如何評估？身體活動強度，一般以國際通用的代謝當量（Metabolic Equivalent of Task, MET）為標準，1MET（一個代謝當量）被定義**為每公斤體重每小時消耗一大卡的熱量**，同時一個代謝當量相當於每公斤體重每分鐘消耗三點五毫升的氧量，約為一般成人安靜狀態時的耗氧情形。

　　以 1MET 單位的倍數表示身體活動強度，區分為靜態活動（亦稱為坐式生活或身體活動不足 1MET）、輕度活動（1.1 ～ 2.9METs）、中度活動（3 ～ 5.9METs）及費力活動（≥6METs）等四種。

　　現代人大部分時間都屬於坐式型態的靜態活動，例如：坐著工作、看電視、聊天或開車。

　　有些人會每週撥空上健身房規律跑步，並做肌力訓練，但其他時間卻是久坐居多。過去形容成天躺在沙發上看電視邊吃零食的人為「沙發上的馬鈴薯（Couch potato）」。

　　現在則將這種生活型態多屬靜態，但有運動習慣的人稱為「活躍的沙發上馬鈴薯（active couch potato）」。雖然有運動習慣，但運動的好處也會被靜態生活的壞處抵銷。

　　因此，**生活中若能增加輕度或中度活動，對體力與健康的維持會有幫助。**

　　輕度活動是指散步、站立或提輕物走路，對於預

防久坐有一定效益。所謂的中度活動，包括健走、下山、一般速度游泳、網球雙打、羽毛球、桌球、排球、太極拳、跳舞、及一般速度騎自行車等。進行這類的活動十分鐘，還能與人交談，但因為呼吸心跳增快，會讓人流汗且覺得累和喘，因此無法唱歌的程度。

　　如果要有效率地促進健康，應從事中度、強度的運動或費力活動。但對於衰弱的長輩，則從輕度活動開始即可，甚至要從簡單的重量訓練與平衡訓練開始，雖然是輕度活動，但能漸進式地增加運動強度，使長者重拾健康。

　　所謂費力活動，就是運動十分鐘以上時，為了調節呼吸就無法邊活動邊跟人輕鬆說話的程度。身體會感覺很累，流很多汗，呼吸和心跳比平常快很多。例如：跑步、上山爬坡、快速地游泳、快速上樓梯、有氧舞蹈、快速地騎腳踏車、跳繩、激烈地打球（如籃球、足球、網球單打）等。

日常體能活動強度分級表

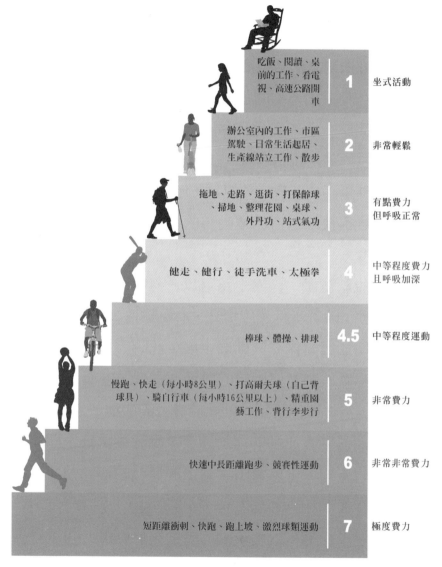

活動內容	級數	強度描述
吃飯、閱讀、桌前的工作、看電視、高速公路開車	1	坐式活動
辦公室內的工作、市區駕駛、日常生活起居、生產線站立工作、散步	2	非常輕鬆
拖地、走路、逛街、打保齡球、掃地、整理花園、桌球、外丹功、站式氣功	3	有點費力但呼吸正常
健走、健行、徒手洗車、太極拳	4	中等程度費力且呼吸加深
棒球、體操、排球	4.5	中等程度運動
慢跑、快走（每小時8公里）、打高爾夫球（自己背球具）、騎自行車（每小時16公里以上）、精重園藝工作、背行李步行	5	非常費力
快速中長距離跑步、競賽性運動	6	非常非常費力
短距離衝刺、快跑、跑上坡、激烈球類運動	7	極度費力

資料來源／全民身體活動指引，衛生福利部國民健康署編著

三種方法測試活動強度

　　如何評估運動的強度，常見的有三種方法，包括：說話測試、心率儲量評估、自覺費力程度量表。最容易測試的就是說話測試，自覺費力量表是靠感覺評估，心率儲量評估感覺比較複雜，但其實只要計算過一次，就可以很快知道自己運動時的心跳速率是屬於哪種運動強度。

　　說話測試：一邊走路可以一邊輕鬆聊天，屬於輕度運動；隨著步行速度提升，心跳加速，呼吸有點喘，仍可換氣與同伴交談則屬中度，此時因為呼吸急促而無法唱歌。劇烈運動時心跳速率很快，呼吸上氣不接下氣，無法順暢說話，就屬於費力的活動。

　　評估老人運動的運動強度，說話測試是一種簡單可行的方式，可以藉由說話了解自己的運動強度。當運動時遊刃有餘地說話，一點也不喘，心跳並未加快，甚至還可以唱歌，那運動的強度屬於輕度。如果身體狀況允許，漸漸增加運動的強度，例如加快走路的速

度，讓運動強度達到中度。

　　心率儲量評估：近年流行運動手環、智慧手錶，方便了解運動時的心跳速率。即使沒有運動手環，可以利用測量十五秒間的脈搏次數，乘以四倍就是一分鐘的心跳速率。

　　健康成年人休息時的心跳速率平均每分鐘六十到一百下。那麼達到怎樣的心跳速率才算是達到中度或費力的運動？實際上要先知道該年齡的最大心跳速率，也要先測量休息時的心跳速率。

　　一般人運動時的最大心跳（非常喘的心跳極限），科學家做過測試並計算出來，兩百二十減去年齡，就是一個人的最大心跳。以七十歲的長者為例，根據公式，最大心跳速率為兩百二十減去七十等於每分鐘一百五十下。所以愈年輕，最大心跳的範圍愈大。但這不表示可以做運動到最大心跳速率，如果做完運動心跳達到最大，表示運動強度過強。

　　心率儲量，是最大心跳速率（兩百二十減年齡）

減去安靜時的心跳速率。

美國運動醫學會 ACSM，以達到百分之四十至六十的心率儲量為中等費力活動。若休息時測量到心跳速率為每分鐘五十下，心跳速率儲量等於最大心跳速率減去安靜心跳速率，七十歲成人的心跳儲量為一百五十減去五十等於一百。

中等費力運動的心跳範圍，下限為五十（休息時的心跳速率）加上四十（百分之四十的心跳儲量），上限為五十加上六十（百分之六十的心跳儲量），所以中等的運動強度，運動時的心跳要介於每分鐘九十下到一百一十下。

也就是說，一位七十歲的長者，休息時的心跳為五十下，隨著運動心跳增加，若能達到九十下，就達到中等的運動強度。

另一種方式是利用最大心跳速率，達到百分之五十至七十的最大心跳速率就算達到中等費力的標準，低於此標準為輕度的運動，反之高於此標準即達

到費力以上活動強度。

　　自覺費力程度量表：美國運動醫學會建議用運動自覺量表（六至二十分）來評估老年人的有氧運動強度。坐著休息時是六分，用盡全部的力氣是二十分，而中等強度的運動為十二至十六分，會注意到心跳速率和呼吸增加。

　　自覺費力程度量表，簡單的說就是靠感覺去評估自己的運動強度。運動要先暖身才訓練，訓練後也要做緩和運動。暖身期和緩和期是輕度運動，而訓練期則是中度運動。

　　對於虛弱老人，一開始的運動強度可以從九至十一分開始，這樣的運動強度持續六個月，直到可以持續三十分鐘的運動，之後再慢慢增強。

　　這三種方法有一定的關聯，各有優點。心跳速率儲量剛開始覺得複雜，但只要測量一次安靜心跳速率和計算最大心跳速率，就很方便。不管使用哪一種方法，運動強度最好達到中度以上，在維持健康、預防

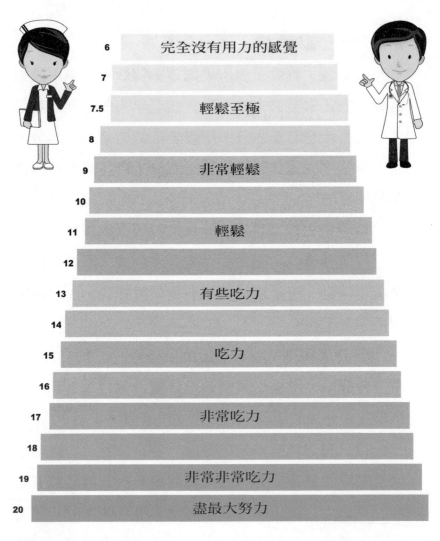

6　完全沒有用力的感覺

7

7.5　輕鬆至極

8

9　非常輕鬆

10

11　輕鬆

12

13　有些吃力

14

15　吃力

16

17　非常吃力

18

19　非常非常吃力

20　盡最大努力

資料來源／全民身體活動指引，衛生福利部國民健康署編著

或改善慢性病上比較能看到效果。

　　即便如此，虛弱老人剛開始從事輕度運動，雖然沒有達到中度運動強度，對於恢復身體健康也會有一定好處。

離開椅子就算運動：
每天坐不到三小時，壽命增加三年

　　很多研究都證實，如果能夠增加身體的活動，特別是規律的運動，可以減緩十到十五年老化的速度。包括我國與世界衛生組織、歐盟、美國、加拿大、澳洲、芬蘭、新加坡及日本，均訂有高齡者身體活動指引。這些指引都建議老人，**每週累積一百五十分鐘以上的中度有氧運動，每次十分鐘以上。肌力訓練，建議在不連續的天數中，每週至少兩次。至於平衡訓練，也應列入每週的運動。**多數的指引都指出，即便運動的時間不是很長，運動強度不是很強，老人都可以從中得到健康益處。

　　除了少數限制，多數銀髮族或長輩都適合中等運動強度。對於衰弱老人，在進行有氧運動前，要先進行重量及平衡訓練。對於衰弱老人，運動能得到很多益處，特別是進行多種型態的運動。

　　老人運動的強度，建議所消耗的能量至少是靜態的三倍。每週累積一百五十分鐘以上的中度運動，或每週累積七十五分鐘以上的強度運動最好，較高的運動強度對健康更有幫助。舉例來說，快走比散步有效。雖然如此，散步仍有其益處。

　　靜態活動會增加心血管疾病、癌症、糖尿病的死亡率。**每天坐著的時間少於三個小時，壽命會增加三年**；每天看電視的時間少於兩個小時，壽命增加一年半。發表於國際醫學期刊《刺胳針》的本土研究〈達到健康的最少運動量〉指出，每天運動十五分鐘，壽命會增加三年。第一個十五分鐘效益最大，第二個十五分鐘也有好處，運動愈多愈好，但上限如何有待研究。所以少坐（靜態活動）、少看（看電視、看電腦、

看手機），多運動，增進健康延長壽命。

安排長者運動，需要注意個別的差異、考量醫療狀態、藥物還有體能狀況。雖然運動的設計與年輕人類似，但頻率、時間、強度都需要調整。

衰弱的老年人需要較長的訓練時間，才有足夠的暖身與緩和運動，而且運動的強度要減弱，運動設計在初期要特別加強平衡的訓練。運動必須具有挑戰性及趣味性，但不能超出能力而引起疼痛與不適。

此外，長輩的身體狀況隨著疾病或健康狀態而有所不同，因病入院後體力下滑，隨後的運動強度需要減弱再漸次加強。

科技愈進步，長者愈不動

近年來，由於都市化、交通工具的進展、工作型態的改變，甚至家務機器的協助，例如掃地機器人、洗衣機、洗碗機取代了人力，身體活動減少了，但運動或休閒活動的人口增加卻很緩慢。

　　根據美國的研究，六至十一歲的孩童是最活躍的一群，每天靜態時間少於六點一小時，二十到二十九歲的青年約為七點五小時，六十歲以上約為八點四小時，七十歲以上族群約為九點三小時。

　　加拿大也是相同的狀況，只有百分之十七點五的青年和百分之十三的老年達到每週一百五十分鐘中度或費力運動。而衰弱老人是最不活動的族群，只有不到百分之一達到運動指引的建議。

　　此外，六十五到七十五歲之間的長者有百分之四十七，七十五歲以上的長者則占了百分之五十二，每天看電視超過十五個小時，這表示加拿大有幾乎一半的長者，二十四小時裏有十五個小時都是坐著很少移動。使用電腦的時間也是隨年齡增加逐漸增加。

　　針對長者日常的身體姿勢，研究顯示，社區老人每天平均有七點二小時是上半身直立的狀態，上半身直立包括坐姿、站姿或移動。但安養機構的老人保持上半身直立的姿勢只有二點三小時，其中不到一個小

時是在步行。住院時不活動的時間更長，即便患者有獨立步行的能力，絕大多數的時間都是躺在床上，上半身直立狀態不到一小時，一天內走路只有七分鐘。這反映了不管是安養機構或醫院，不重視身體活動的狀態。

家屬陪伴，長輩最佳的運動動力

事實上，臺灣每年每人平均看病十五次，就預防保健的角度來看，醫護人員有很多機會扮演健康促進的角色。善用每次病人就診的機會，強調不運動的壞處，並提倡運動的好處，醫師看病的時候，是勸告病人最佳的時機，讓病人知道運動可以改善疾病。

進一步若能將運動與生活習慣列為每次門診追蹤的項目，一次、兩次之後，患者就會慢慢地開始運動。

有時候不只是鼓勵病人運動，更要勸說家屬及主要照顧者陪同。比如鼓勵老爺爺與老奶奶一起運動，或是與子女一起散步健走，長輩若得到家人的支持，

更容易持之以恆。

　　醫師容易接觸病人，改變病人的觀念。除了關懷病人，更要與病人的家屬溝通，鼓勵家屬與患者一起運動。運動是靈藥，藥補、食補不如運動補；除了運動外，也要改變生活型態。簡單的說，從輕度的運動開始，進而不只是注意自己有無從事中度或重度運動，也要注意日常的生活習慣，要常起來走動。

　　老人不只是要運動，更要減少靜態的時間。而這樣的習慣培養，不是交給看護，需要家屬共同努力。能如此，不但能一起運動，更能增加家人之間的情感，何樂而不為？

　　所以，**盡量減少長者在日常生活中靜態的時間、增加身體活動的方式**，包括每天早晨或是傍晚的健走，利用午餐時間走一小段路，循序漸進，不但不會讓長者抗拒，也能促進長者健康。

　　很多運動設計都能利用日常生活中的活動模擬，例如坐姿划船（Seated Row）的背肌訓練動作，可以

藉由讓長者用手開門，增加推或拉的力氣也強化背肌；拿東西時將手臂伸長一些，晾衣服的桿子放高一些，對於肩膀、手臂的肌肉都有訓練功效。

以肌力訓練而言，蹲站的訓練可以加強股四頭肌的力量，改善移位的能力。平常如廁時，可以扶著把手在安全的狀況下蹲馬步，訓練股四頭肌。

坐姿推胸（Chest Press）主要訓練大胸肌，二頭肌彎舉（Biceps curls）可以改善提重物的能力，平常可以逛街取代網購，一方面增加與人的互動，也可以增加站立和走路的時間和提重物的機會。

車停得遠一點增加走路距離，以爬樓梯代替坐電梯，出門一趟，可以增加很多運動機會並訓練不同的肌肉，步行這類負重又有衝擊性的運動，對維持長輩的骨質密度也有幫助。

盡可能地增加與其他人互動的休閒活動，包括參加志工活動、淨灘、健走等活動，這些方式都可以增加長者身體的活動。

　　減少白天臥床的時間，可以在跑步機上邊運動邊看電視或聽新聞，或在固定式腳踏車上看書報雜誌。化整為零，每次十分鐘所累積的時間和活動量，與一次三十分鐘的活動量不相上下。

　　選擇週末去健身房運動當然不錯，但也可以選擇在日常生活等電梯的時間，走幾個樓層，藉此增加身體活動。或許有人擔心爬樓梯對膝關節的影響，但在無關節炎症狀時爬樓梯，既環保節能又促進健康，是可行的運動方法。

長者運動處方簽

● 有氧運動處方──低強度開始慢慢增加

　　有氧運動主要增加心肺功能、改善耐力，包括步行、健走、騎踩腳踏車、游泳、太極拳或舞蹈，可視個人興趣與可行性選擇。

　　研究顯示，慢跑五分鐘相當於健走十五分鐘，慢跑二十五分鐘相當於健走一百零五分鐘。就時間效益

而言，慢跑優於健走。對於體能狀況好的長者，原本有慢跑習慣就持續慢跑。

對於高齡長者，推薦步行健走，因為沒有時間、空間限制，簡易可行，一雙運動鞋及適當的穿著即可，在家人朋友的陪同下，可以增加社交的機會，聯絡感情。所以建議高齡長者與剛開始運動的長者，從事步行、健走，從速度較慢的步行開始，慢慢增加健走的時間及距離，再慢慢地加快速度。

運動頻率：中強度運動每週至少五次、或高強度運動每週至少三次，慢慢增加。

運動時間：一開始十分鐘，慢慢增加到六十分鐘，若無法維持長時間，建議每次十分鐘、每天三次分段完成。

運動強度：由低強度的運動開始，慢慢增加至中度或高強度運動，運動強度達到心跳加快，但還能夠邊運動邊說話、無法唱歌的強度為宜。

漸進性增加運動強度：一開始維持強度，慢慢增

加運動時間，等到身體適應後，再間歇性增加運動的強度。

肌力訓練處方——漸進式提升肌肉力量與質量

漸進式的肌力訓練可增加肌肉質量、肌力、肌耐力，有助於骨骼、肌肉和關節的健康。訓練肢體的大肌肉為主，目的是幫助平衡感、減緩骨質流失，促進基本生活功能，也幫助維持體重。

肌肉質量增加可以提升體內新陳代謝，消耗基礎新陳代謝卡路里。想要減輕超過體重百分之五和維持減重成果的人，需要透過高身體活動量，如每週從事超過三百分鐘中度身體活動，同時減少卡路里的攝取，來達到體重控制的目的。

對於老人體重控制，建議稍微放寬標準，微胖是比較好的狀態，研究證實重大疾病後的死亡率在微胖的老人是較低的，過瘦反而死亡率較高。

日常生活中可以進行的肌力訓練包括：雙手提適

當重量的物品、用手推拉門、爬樓梯、坐站訓練、伏地挺身、仰臥起坐或仰臥抬腿等；在健身房則有更多選擇，比如利用啞鈴、槓鈴或是不同機械器材。

可以教導長者上肢徒手或拿沙袋、水瓶反覆臂屈伸，或在床上做仰臥抬腿運動。訓練包括各種大肌肉群（如臀肌、股四頭肌、腿後肌群、胸肌、闊背肌、三角肌群及腹肌），再進行手臂、肩膀、小腿等較小的肌群。

運動頻率：至少每週兩次，每次間隔四十八小時以上。

運動強度：每個肌群進行八至十二次反覆為一組，在第十二次反覆結束時，肌群應當感到疲累，如此才能達到較佳效果。

運動時間：每個肌群進行八至十二次反覆，每個肌群可進行一至三組，組與組間隔兩到三分鐘。從大肌群先進行，如臀部、大腿、胸等，再進行較小的肌群，如手臂、肩膀、小腿等。舉例來說，下肢抬腿運

動做十下後，休息兩分鐘，再做十下，再休息兩分鐘，再做十下，這樣就是十次反覆，共三組。之後再換其他肌群的訓練。

漸進性增加運動強度：從低強度開始，每個動作重複做十二下，覺得稍稍困難但可以接受，就可以增加負重。

體能差的老人，下肢部分可以從低強度的抬腿、坐站練習與走路開始，下肢訓練優先於上肢訓練，避免跌倒。上肢部分可以手拿水瓶反覆上臂屈伸。體能尚可的老人可以從健走與爬樓梯，漸進式地利用非機械式與機械性的抗阻力方式進行重量訓練。

如果用量化的方式描述訓練強度，長者的肌力訓練，通常從比較輕的強度開始，大約以「一次最大反覆」所測得重量的百分之四十到百分之五十開始訓練，再漸進式地增加所舉的重量。（「一次最大反覆」，是以正確的動作，只能舉起一次啞鈴的最大重量。）

活動類型，自身體重負荷：如爬樓梯、走路、伏

地挺身、仰臥起坐或抬腿等；非機械式的抗阻力方式：如彈力帶、啞鈴、專業加重器、綁手沙袋、綁腿沙袋等；機械式阻力方式：如腿部推舉機、胸大肌推舉機、背部伸張機等。

柔軟度訓練——有點緊又有點不舒服最好

柔軟度有助於保持及改善肌肉關節活動能力，運動種類包括伸展運動、瑜伽、韻律。考慮老年人關節退化，盡量以靜態伸展運動為主。

運動頻率：每週兩到三次。

運動強度：以感到輕微不適而未達疼痛的強度為宜。也就是說，伸展運動要達到關節活動的最末端，而且要感覺有點緊、有點不舒服，但沒有到疼痛的程度才不會受傷。將動作維持在肌肉有緊繃感的位置上。

運動時間：每個伸展運動約十至三十秒，重複兩到四次。

活動類型：以靜態伸展動作為主，應停留在能達

到的最大範圍數秒鐘，避免來回彈震可能導致肌纖維斷裂的傷害。伸展過程中應保持正常呼吸，避免閉氣導致血壓上升。

● 平衡訓練——減少跌倒

平衡訓練有助於保持及改善坐姿與站姿和走路的平衡能力，減少跌倒的發生，運動種類包括太極、平衡球等。

運動頻率：每週兩到三次。

運動強度：由簡單到困難。例如由雙腳站立、雙手扶著桌子維持平衡，進步到不扶著東西雙腳站立。單腳站立並藉著手扶桌子維持平衡，到單腳站立不扶著東西。或者練習走一直線，但要考慮每個人的狀況，有時需要人在旁協助訓練。

運動時間：每次二十至三十分鐘。

運動類型：太極、步態平衡訓練（如倒退、側邊、以腳跟或腳趾步行）、動態平衡之訓練。

罹患慢性病長者的運動注意事項

當高齡者合併患有慢性病時，例如關節炎，發炎疼痛時，要避免疼痛的關節因運動而惡化，可以選擇騎腳踏車、游泳等關節負擔小的運動。

平常的運動方式也可以採用交替的方式，例如健走步行外，搭配游泳與騎腳踏車。運動時可以配戴護膝，增加膝關節的穩定度。

糖尿病患者運動時要注意血糖高低，運動時需攜帶葡萄糖粉、果汁、餅乾等，如果發生頭暈、冒冷汗等低血糖症狀可以立刻食用。

另外，因為糖尿病周邊神經病變，每天穿鞋時要先檢查腳部有無傷口，並穿著適當鞋襪避免受傷。如果有視網膜剝離風險，應避免強度高的肌力訓練。

高血壓患者建議每天運動有利血壓控制，如果要從事肌力訓練，建議以低阻力高頻率的方式進行，而且要避免憋氣。

休息時，血壓的收縮壓若大於 200mmHg，舒張

壓大於 110mmHg，建議暫時休息。

　　肥胖患者建議以低強度的方式開始進行，之後再漸漸延長運動的時間。為了避免對關節產生太大負擔，游泳也是不錯的選擇。

　　為了預防或減緩骨質疏鬆，步行健走這類有衝擊性的運動，有利骨質的維持。

　　身體接觸性的運動如籃球與排球，容易導致運動傷害，但如果體能狀況允許，以趣味而非競技勝負為主，適當調整運動時間與強度，仍須鼓勵長者從事所愛好的運動。

　　無論是以上哪種運動訓練，均建議運動前後進行五到十分鐘的熱身運動和緩和運動，避免運動傷害，並避免低血壓跌倒的風險，而緩和運動也可以減少乳酸堆積造成的痠痛。

　　若出現胸痛、頭暈、噁心、步態不穩、臉色蒼白、發紺、呼吸急促、心搏不規律等症狀，表示已經過度運動，必須立刻休息及減少運動量。之後再循序漸進

增加運動的時間與強度。

增加運動與社區活動參與，成功老化

　　家人的支持與陪伴，可以讓長者持之以恆地運動。社區運動的推廣也值得推薦，例如透過社區活動中心的聚會，甚至搭配共食活動，在聚會中利用影音系統，帶動長者做衛福部國健署在網路上推廣的「高齡者健康操」，就可以將有氧運動、柔軟度訓練、肌力訓練、平衡訓練，融入到運動中。

　　而這樣的健康操，衰弱的長者可以坐在椅子上進行，健康長者可以扶著椅子站立，或不需輔具支撐站立進行運動，也就是針對長者體能狀況，個別化調整運動強度。

　　除了身體四肢與軀幹的訓練，吞嚥的肌肉也是不容忽視的一環。

　　衛福部國健署與語言治療師公會全聯會推出「吞嚥健康操」，包括三個部分，藉由頭頸部放鬆運動、

吞嚥肌肉運動、聲音機能運動，維持並增進長著吞嚥
的機能。

最重要的是，生活型態改變，在日常生活中增加
身體活動的方式，體能狀況允許下，進行部分的家務，
維持生命的尊嚴與價值。

除了運動外，並積極參與社區志工活動，發揮生
命的良能。如此，即能減少失能臥床的時間，增加生
活自主的能力，成功地老化。

家中就是健身房

到健身中心有專業教練訓練固然好，但日常生活
中就有很多方式能達到運動目標。透過快走進行有氧
運動，肌力、有氧與柔軟訓練，可由下列方法達成。

▌▌ 看電視抬腳訓練

　　方法：看電視時輪流伸直雙腳，訓練下肢肌力與關節活動，可加沙包增加難度。

　　目的：鍛鍊股四頭肌，腳板上勾動一動，減少下肢水腫。

　　重點：抬腳訓練雖然簡單，卻可訓練下肢力量，有利行走。

邊看電視，邊抬腳

▌■ 坐姿起立

方法：雙手抓住扶手，從穩固的椅子（或輪椅）站起，站累了就坐下休息，休息夠了再站立。

目的：訓練雙下肢肌力，強化關節穩定度。

重點：獨立行走能力，包括能從椅子獨立站起的能力，看似簡單的訓練，卻是維持獨立自主生活的重要訓練。

起身時，雙膝微微彎曲，雙腳趾頭切齊膝蓋，身體向前彎，比較容易站起來。

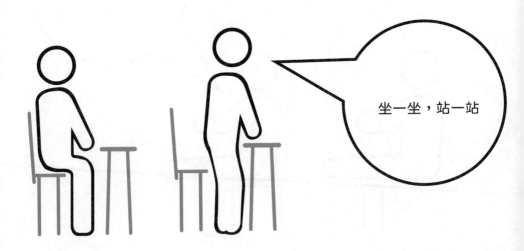

坐一坐，站一站

▌ 扶扶手，蹲馬步

方法：雙手抓著扶手，從穩固的椅子（或輪椅）站起，微微半蹲。

目的：訓練下肢肌力、肌耐力、平衡。

重點：肌力或平衡不佳長者，需有人在旁協助。

▌■ 直線走路

　　方法：沿著地上的線走路，藉由倒退、側邊、以腳跟或踮腳尖步行調整難易度。

　　目的：訓練雙下肢的肌力及動態平衡。

　　重點：肌力或平衡不佳的長者，可以扶著扶手前後步行，須有人陪同。

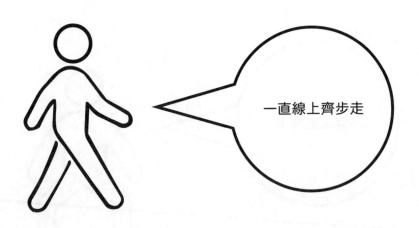

晒衣預防五十肩

方法：晒衣桿放置適當高度，晾衣時，可伸展肩關節。

目的：鍛鍊肩膀肌力，維持肩膀關節活動度。

重點：晒衣服環保節能，晒衣桿高度要適當，過高不方便，太低則無訓練效果，注意要抬頭挺胸。

高舉雙手，迎向朝陽

▌■ 上街購物趣

　　方法：用肩膀揹購物袋，或是用手臂提購物袋。

　　目的：鍛鍊二頭肌肌力和核心肌群的肌耐力。

　　重點：不可用手指勾拿太重的塑膠袋，容易得扳機指或關節炎，記得要換邊提購物袋。

▌▌一步一腳印

方法：外出辦事、購物，多走樓梯、少搭電梯或手扶梯。

目的：增加下肢肌力、訓練肌耐力。

重點：下樓梯對膝關節負擔大，但現在的人多靜態生活，若無關節炎，上下樓梯不失為鍛鍊肌力的好方式。

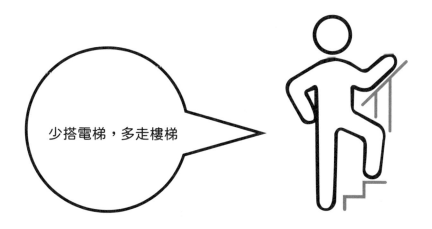

少搭電梯，多走樓梯

健康六波羅蜜之五

【動腦】

關鍵策略，大腦慢老

花蓮慈濟醫院高齡整合照護科醫師　許晉譯

慢老，從頭開始；護腦，從心開始；養腦，從中年開始。

隨著醫療進步，臺灣人平均年齡已超越八十歲；臺灣預計在二〇二五年成為超高齡國家，意即超過百分之二十的人口為六十五歲以上的高齡者。

六十五歲，如同棒球場上的第七局，常常會出現戰局逆轉。為什麼會有這樣的狀況發生？那是因為先發投手已獨挑大梁七局，體力開始下滑，這時候就讓對手有機可乘；一旦戰情逆轉，縱使再多努力，也難彌補已經造成的傷害。

我們的人生也一樣，縱使前七局身體壯得像頭

牛，其實已經慢慢出現疲態，各個器官都有問題出現，腦部也不例外。

以下會分成三個段落來介紹。一、大腦慢老，開源節流；二、養腦方針，趨吉六法；三、護腦心法，避凶六策。

大腦慢老：開源節流

影響腦力退化速度的兩大因素

六十五歲開始，每個人的腦部開始走著不一樣的老化路徑。

二〇一四年英國愛丁堡大學里卡多・馬里奧尼（Riccardo Marioni）教授發現，人的腦部老化分成兩種模式：正常老化以及病態老化。

這其實和我們的生活經驗相呼應，有些人是學有專精的師傅、工程師，或者替社會服務的老師、醫師、政治家，即使到了八、九十歲，腦袋仍然非常清楚，可以給企業、給國家一些好的建議；另外有些人，明

明才剛滿六十五歲退休不久，卻很快就需要別人照顧。

　　腦力退化的樣貌，如同退休生活能否經濟無虞，取決於兩個重要因素，一個是大腦存款是否足夠，另一個則是大腦存款花費速度是否太快。

　　我們可以把所有的人分成四大類。第一類，退休時存款很多而且很節儉的人；第二類，退休存款不是太多但是很節儉的人；第三類，退休時存款很多但是花費速度很快的人；第四類，退休時存款不多而且花費速度很快的人。

　　當你的大腦存款花到低於一定程度，生活就可能有問題，甚至出現失智症狀。

　　如何延緩失智症發生，亦即防止大腦存款減少到一定程度，總結一句話就是要「**開源節流**」。

　　開源部分從年輕就要開始努力，有效率地增加大腦存款；或者退休之後，持續有些小額收入，這都能讓存款多使用幾年。

　　節流部分則是從中年開始努力，找到減少大腦存

款的漏洞，特別在六十五歲、大腦收入開始減少的初老時期，這樣的「抓漏」成效會更顯著。

有沒有好的指標，可以讓我們知道大腦還有多少存款，甚至多久以後會面對失智症的問題？目前來說，並沒有一個好的測量工具。

是失智症，還是正常老化？

倘若大腦存款減少到一定程度，影響到日常生活，那時候就是失智症發生。

失智症其實是一個緩慢退化、逐漸發生的過程，大腦存款大概可以分成五個面向，在此簡稱為認知五力，分別是記憶能力、社交能力、溝通能力、學習能力以及認路能力。

究竟失智跟正常老化的不同在哪裏，可以做以下區別。

記憶能力部分，通常失智患者對以前的事情記得特別清楚，早上發生的事情卻完全不記得。一般人也

有類似情況，但是經過提醒可以回想起來，失智患者通常無法透過提醒回想起來。

社交能力部分，失智患者會開始拒絕參與社交活動，特別是在不適切的地方出現錯誤行為。例如在大眾場合下脫衣服，或不在廁所中如廁。

溝通能力上會有講話不流利的情況發生，經常需要使用替代字進行說明。例如筷子這個單詞，患者可能會說是夾菜用的東西。

學習能力上，對日常使用的簡單工具開始出現學習困難。例如家中裝了新的電燈開關，使用方法有些微調整，患者即出現學習困難。學習力的判斷，要將原先的學歷及工作內容一併考慮才能進行判斷。

認路能力部分，開始對熟悉的環境也會迷路。

開始準備足夠的大腦存款

臺灣人喜歡在生日或過年的時候跟長輩說「祝福您，呷百二。」而當我們隨著醫療進步，真的可能活

認知五力	失智症	正常老化
記憶力	提醒後仍無法想起 近期記憶差	經提醒後可想起 近期記憶尚可
社交力	拒絕參與社交活動 出現不適切行為	與先前個性相同
溝通力	說話經常中斷 經常使用替代用字	偶爾會忘詞
學習力	無法學習新的簡單 用具	仍可以學習新工具
認路力	熟悉環境也會迷路	熟悉環境不會迷路

到超過百歲，該怎麼準備自己的大腦存款？

　　綜合世界衛生組織、美國衛生研究院、美國醫學會及臺灣國民健康署給出的建議，特別是國健署強調的「**趨吉避凶**」的概念，盡量達成好的習慣來保護大腦，減少壞的習慣去傷害大腦，正是保養腦部的兩大準則。

趨吉避凶六六大順

趨吉六法	避凶六策
多動腦	三高控制
多運動	預防腦中風
多社交互動	預防頭部外傷
飲食好	不抽菸
睡眠好	不酗酒
感官好	不憂鬱

養腦方針，趨吉六法

⬤ **趨吉六法之一：多動腦，學習能保有年輕的腦。**

工作讓人類有成就感，對未來更有期待，而工作內容往往跟教育程度有很大的關係。

二〇一九年，美國梅約診所在《美國醫學會期刊・神經學（JAMA Neurology）》發表一篇研究，他們招募了近兩千人，從二〇〇四年開始追蹤五年以上，採用問卷方式評估受試者的教育程度以及工作內容與後續中、老年時期的認知能力表現。

研究發現，擁有比較高的教育程度以及工作內容需要不斷學習的人，在中老年會有比較好的認知能力。

這符合「**活到老，學到老**」的古訓，在生命中不同階段，持續保持學習狀態，是維持腦力的重要關鍵。

隨著退休生活來臨，少了工作上的忙碌，腦部可能缺乏刺激，因此退休生活的安排非常重要，增加主動思考與創造的機會，減少被動接受訊息。

看電視是大家喜歡的休閒活動，但多數時間都是

被動接受電視中的故事情節或新聞訊息，我們需要換個視角，讓自己有機會思考，向人轉述新聞或故事背後帶來的訊息。

梅約診所團隊對退休長者的生活狀態跟認知關係感到好奇，透過問卷了解閱讀、使用電腦、社交活動、玩遊戲（例如撲克牌、數獨或拼字遊戲）、工藝活動（捏陶、縫紉）等五種活動，對刺激腦部的作用。

結果顯示，**玩遊戲以及社交活動對腦部的幫助較其他明顯**。退休生活比較精彩的人，也就是有較多類型動腦活動的人，比較不容易發生輕度認知障礙。

● 趨吉六法之二：多運動，要活就要動。

運動可以增加血液循環，促進身體健康，但是大部分的人缺乏執行的毅力。

科學發現運動的好處，可以幫助人類抵抗腦部衰老，幫腦部多存些「腦本」。

《神經學》期刊在二〇一九年發表的論文，為

四百五十名自願長者做一系列認知功能評估，再取他們離世前兩年與離世後的大腦切片做比較。

研究開始時，其中四成受試者在臨床上已有失智症的表現，其他六成則無。研究團隊使用穿戴式裝置，記錄這些長者平常的活動狀態。

最後的腦部切片發現，無論之前有無失智症的表現，死亡後的腦切片都發現阿茲海默症以及血管性失智症的傷害。

大家一定覺得奇怪，明明他們的腦部都曾受傷，為什麼有些人會表現出失智症，有些人卻沒有？這樣的現象科學上稱之為大腦韌性（Cognitive resilience），有些人能夠抵抗病理變化造成的腦部影響，臨床上不會有失智症的情況發生。

另外，有趣的是，這些長者們的**認知能力跟運動能力呈現正相關**。換句話說，我們或許很難逆轉歲月造成的失智病理變化，卻可以透過運動來提高大腦的韌性。

當我們知道運動能對身體帶來好處，大家可能會好奇，什麼時候開始運動才有效？要做什麼強度的運動？又有什麼臨床工具可以透過運動表現來評估腦部功能？

美國杜克大學團隊，在紐西蘭做了一個世代追蹤研究，他們追蹤一千多人，從三歲開始做一系列的認知測驗以及各項實驗室檢查數據，總共做了四次大型的資料收集。

他們想到一個簡單的工具——走路速度，拿來評估跟認知能力的相關性。走路速度跟體能狀態的應用，是十分常見的評估工具，特別是在高齡醫學中被使用。

經過四十幾年的追蹤研究，無論在各項認知測驗或實驗室檢查數據上，受試者四十五歲以後，走路速度愈慢者，通常各項認知、體能以及實驗室數據表現都比較差；走路速度快的人，表現就比較好。

這樣的表現，一樣發生在腦部結構上。核磁共振是臨床用來檢查腦部狀況的精密檢查，科學家使用這

個工具，希望提早發現腦部退化的線索。

走路較慢的人，在核磁共振檢查中，呈現比較薄的大腦皮質、比較小的大腦體積，以及比較多的大腦白質病變。以上幾項表現，代表大腦結構受到影響。

通常人到四十五歲，腦部就開始有結構上的變化，應該盡早開始運動增加大腦韌性，而走路速度的快慢，就是一個提醒自己注意的線索。

人類腦部超過六十歲之後，會以每年千分之二的比例開始萎縮。前面提及走路速度跟大腦狀態的關係，那麼，走路是不是一個促進大腦功能的好運動？

一般認為要做到中強度的運動，才對身體最有幫助。但走路是每天最方便做的運動，可以提早一站下車，讓自己多走一些路。

美國佛明罕心臟世代研究團隊，在二○一九年替這個問題進行解答。他們讓兩千多名觀察者身上配戴穿戴式裝置，記錄每天的運動時間以及走多少路，並以腦部核磁共振做前後比較，觀察運動對腦部結構的

影響。

　　經過三年，發現縱使只做低強度的運動，每天多運動一個小時或走路達到每天七千五百步的受試者，可以讓腦部體積的退化速度延緩一點四到二點二年。因此，如果沒有辦法花完整時間進行中高強度的運動，**每天多走一些路，也是健身護腦的選擇。**

　　另一個臨床常用的評估工具，是手的握力大小。

　　國內外研究都發現身體跟腦部的退化狀況是連動的，高齡醫學已經開始在身體功能上強調衰弱症的存在，可以解讀成老化造成的功能下降，但還沒有嚴重影響生活的狀態；也就是隨著年紀增長，力不從心的感覺。

　　科學家發現，腦部的退化如同身體的衰弱症，稱之為「認知衰弱」，可以把它解讀成失智症前期或輕度認知障礙。

　　對失智症這種不可逆的退化性疾病來說，正確診斷以及適時醫療介入，是延緩退化的最大關鍵。過去，

認知測驗需要專業的心理師及三十分鐘左右的評估時間，評估起來曠日費時。

美國國家衛生研究院北達科塔州立大學研究團隊，透過手部握力這樣簡單的生理數據，找到跟腦部退化狀態的相關性評估。

研究結果發表在二〇一九年《阿茲海默症期刊（Journal of Alzheimer's disease）》，觀察約一萬四千位超過五十歲的民眾，每兩年評估一次握力大小和認知能力的變化。**發現隨著握力下降五公斤，認知異常的風險增加百分之十。**

運動可以幫助大家維持良好體態。至於體重，會不會影響長期的腦部狀況？

二〇一七年發表在阿茲海默症期刊的文章，收集約五十九萬名三十五歲到六十五歲的人，發現中年肥胖的體型，可能增加長期失智症的風險。

這邊的中年肥胖定義是身體質量指數超過三十。身體質量指數低於二十五跟指數在二十五至三十之

間，認知能力則沒有太大差異。因此，除非身體質量指數高於三十，否則並不建議刻意控制飲食來瘦身，以免因為節食造成營養攝取不均衡，反而得不償失。

●趨吉六法之三：多社交互動，不要老是自己一個人待在家。

探望朋友以及陪伴家人，是生活中不可或缺。

東方人往往比較害羞內向，不善於說出自己的感受，也比較不願意參加一些社交場合或團體互動。英國倫敦大學學院的研究結果，提醒人們對生活習慣做出改變。

二〇一九年發表在《美國國家圖書館・醫學期刊（PLOS Medicine）》，他們收集一萬名受試者，收案時間長達二十八年之久，從中年開始收集認知測驗結果，並使用問卷方式詢問個案社交活動的對象及頻率。

結果發現，**與外界有比較多社交互動的人，發生失智症的機率比較低**。倘若在朋友及家人間互動做比

較，**跟朋友互動有更好的保護效果**。這樣的現象，在六十歲的受試者更加明顯。

六十歲通常是退休的年紀，可以考慮參加一些社區活動、社會團體或到醫院、機構擔任志工，增加社會互動。

趨吉六法之四：飲食好。

民以食為天，每個人生病時，也總會詢問醫師吃什麼對身體好。食物對身體的影響，或許是長年累月累積的結果。要維持腦部正常運作，必須補充足夠且優質的原料，好讓腦部神經傳導物質維持在穩定狀態。

腦細胞外層，是由脂肪構成的細胞膜，如同家中的牆壁，好的油脂類攝取影響牆壁是否穩固。

牆壁的內外聯繫是透過神經傳導物質進行細胞之間的溝通，主要是乙醯膽鹼、血清素等，應該補充原料以提供腦部細胞進行溝通。除了多吃好的食物，也要避免不好的飲食習慣。

近年來，因為大家對心血管疾病的重視，愈來愈多人開始注意不飽和脂肪酸的使用。

多元不飽和脂肪酸無法由身體自行形成，必須透過飲食攝取，其中最為人所知的就是 Omega-3 以及 Omega-6 兩種脂肪。

然而不飽和脂肪酸其實是雙面刃，既可以促進健康，也可能造成傷害，必須維持 Omega-3 和 Omega-6 的平衡才能維護身體健康。

不飽和脂肪酸的油品通常是植物種子油，例如沙拉油、芥花籽油等，但種子油容易產生氧化作用造成自由基，自由基是身體以及腦部老化的元凶。

因此，植物油不適合長時間高溫使用和反覆性油炸。目前比較推薦冷壓初榨橄欖油、酪梨油等，這些油品中保留了較多能抗氧化的維生素 E，且有其他優質單元不飽和脂肪酸及特有物質。

這些植物種子製成的不飽和脂肪酸，多半以 Omega-6 的方式存在，經常會被人體免疫系統當作發

炎物質。

避免這種情況發生，必須維持好 Omega-3 和 Omega-6 的比例，目前大多數人相對缺乏 Omega-3，可以多攝取藻類，也可直接使用海藻油。

如果要從植物種子中攝取，可補充亞麻籽、奇亞籽、核桃等種子堅果類食物，但這類植物性來源需要轉換才能被人體使用，轉換比例並不高，素食為主的人，可以補充雞蛋或海藻油。

除了多元不飽和脂肪酸之外，單元不飽和脂肪酸也是優質脂質來源，可以提供神經元的保護。酪梨富含單元不飽和脂肪酸，橄欖油或杏仁果、榛果、核桃之類的堅果類食物，也是不錯的選擇。

乙醯膽鹼是腦部維持記憶力及思考能力的神經傳導物質，失智症患者使用的藥物愛憶欣，就是希望保留大腦中的乙醯膽鹼不被破壞。我們也可以補充富含膽鹼的食物，蛋黃、深綠色蔬菜、魚類、牛肉、雞肉中，都含有很高的膽鹼，其中的雞蛋蛋黃是大家認為最好

的選擇。

　　血清素是維持心情愉悅、抵抗壓力以及維持睡眠穩定的神經傳導物質，憂鬱症患者所使用的藥物，就在維持大腦的血清素穩定。

　　製造血清素的原料是色胺酸，是一種必需氨基酸，需要透過飲食取得。而色胺酸在體內又必須透過維生素 D 的協助，才能轉換成身體可以使用的血清素。

　　透過照射陽光，身體會自動生成維生素 D，但這個現象隨著年紀增加，轉換效率會愈來愈差。因此長者除了補充富含色胺酸的食物，可能需要額外補充維生素 D。

　　適度的運動可以提升色胺酸進入人體，具有抗發炎能力的 Omega-3 脂肪酸，也是維持血清素穩定分泌的一大關鍵。

　　深綠色葉菜食物是大腦最好的朋友，富含葉酸、鎂離子、纖維素以及類胡蘿蔔素。葉酸是維持基因穩定的重要關鍵。鎂離子是身體的重要輔酶，讓身體機

能穩定作業。

近年來，科學家發現腸胃道細菌與腦部健康有一定的相關性，蔬菜提供腸胃道細菌重要的纖維，促進生產可以抵抗身體發炎的短鏈脂肪酸（丁酸），減緩腦部退化。類胡蘿蔔素替腦部增加馬力，提高大腦的處理速度。這類營養需透過油脂進行吸收；可以接受生菜沙拉的人，使用橄欖油佐蔬菜，是一個健康護腦的選擇。

另外，華人多喜喝茶，甚至有人說茶為萬病之藥。目前比較有科學數據的是綠茶，綠茶中的兒茶素，可以增強海馬迴神經系統，幫助學習以及記憶能力，綠茶裏的咖啡因也幫助提升注意力。

日本科學家曾做過綠茶預防失智症的研究，收集一萬多個個案，對六十五歲以上的長者平均追蹤五點七年，發現比較常使用綠茶的人，較少有失智症的情況發生，風險下降百分之二十七。在這個研究中，經常飲茶的定義是每日飲用五百毫升以上。

◉ 趨吉六法之五：睡眠好。

睡眠占了人一生中三分之一的時光，對身體健康的重要性可想而知。

腦部的許多功能都需借助睡眠這個過程去完成。例如睡眠對學習及記憶都很重要，睡眠可以固化記憶，把從海馬迴取得的知識儲存在大腦相關腦區，還可以做相關性連結，人類透過這樣的過程激發創意。

倘若出現失眠問題，腦部也會產生影響。

科學家發現，失眠會增加百分之五十的失智症風險。在這些人的腦部，有比較多的類澱粉蛋白沈積，也就是隨著年齡老化，造成阿茲海默症的異常蛋白質。

睡眠時會清除腦部產生的異常蛋白質，這樣的清除工作只有在深度睡眠期才會發生。

既然如此，沒事就來睡個美容護腦覺好了。目前科學家認為睡覺睡得太久，經常睡超過九小時，反而增加失智症的風險。

睡得太多可能是睡眠品質存在問題，必要時可尋

求醫師協助，找出睡得不好的原因。

● 趨吉六法之六：感官好。

如果把大腦比喻成廟宇裏的媽祖婆，就需要千里眼和順風耳到民間幫忙體察民情。否則，縱使媽祖婆如何神通廣大，也難施展出拳腳。

眼睛跟耳朵，是幫助我們搜集外界訊息的兩大器官。隨著年紀增長，長者可能開始有聽力或視力下降的問題，影響到長者對外界訊息的接收，少了外界的刺激，腦部也會慢慢喪失功能。

科學家發現，視力比較差的長者，不只當下認知功能的表現比較差，幾年後的認知能力退化速度也比較快。在聽力方面也發現到，聽力較差的人會增加一點一七倍的失智症風險，而在耳朵嚴重受損的人身上，長期之下會增加一點五倍的失智症風險。

長者的視力及聽力問題，經過正確診斷都可找到改善的方法，例如白內障的問題可以更換人工水晶體，

老年性失聰可以透過助聽器或人工耳的協助。維持長者的感官功能正常，是維持正常社交的一大關鍵。

護腦心法，避凶六策

避凶六策，做好慢性病管理

提升自己的大腦存款之後，接下來要減少大腦存款花費的速度。目前被科學家強烈建議的，就是做好慢性病的管理工作。

● 避凶六策之一：三高控制。

高血壓、高血糖（糖尿病）及高血脂，是廣為人知影響身體的三大隱形殺手。

這三個疾病沒有太明顯的症狀，常常令人輕忽；而他們經常彼此合作造成更嚴重的疾病，比如腦血管疾病。

在臺灣，超過六十五歲的長者，約六至七成患有高血壓，二至三成患有糖尿病，患有高血脂者約一到

兩成，其實這些疾病藥物都不會太複雜，麻煩的是針對生活習慣的調整。

但是目前相關的訊息都很容易取得，只要跟著做好慢性病管理即可趨吉避凶。

● 避凶六策之二：預防腦中風。

神經內科醫師面對兩大疾病，一個是腦中風，另一個是失智症。這兩個疾病的發生率，隨著社會高齡化也逐漸增加。但隨著醫療進步，愈來愈多的患者即使曾經腦中風，治療後也都能和平共處。

至於腦中風會不會增加失智症的機會？答案是會的，腦中風的患者大約增加了一點五倍的失智症風險。

主要原因是腦部跟身體其他器官不一樣，再生能力較差，失去的腦細胞只會透過一些腦部疤痕組織或腦脊髓液補充。腦中風的傷害，是一次大腦存款大破財的過程，要回補並不容易。

預防腦中風，除了做好慢性病管理、保持良好的

生活習慣，另外就是要早期發現頸動脈狹窄及做好心臟疾病照護。

倘若是高風險個案，可以考慮找神經內科檢查；患有糖尿病及其他血管疾病（狹心症、心臟冠狀動脈狹窄、下肢周邊血管狹窄等），可以考慮篩檢。

頸動脈狹窄可能出現暫時性腦部缺血，也就是可逆性的腦中風，或者單眼暫時性失明，這些症狀都可以早期發現。

另外需要大家注意的心臟疾病，一個是心房顫動，另一個是心臟衰竭。

大部分民眾對「心房顫動」感到陌生，但多數人都聽過心律不整，我們可以把心房顫動簡化成容易造成腦中風的心律不整。

心臟的不正常跳動產生渦流，進而產生血塊，血塊流到腦部就造成腦中風。即使血塊沒有造成腦中風，心臟也會因為這些不正常跳動產生發炎物質，進一步影響腦部。

　　科學家發現，**患有這種心律不整的患者，長期失智症的風險增加了百分之六十七。**

　　心臟衰竭使得血液無法順利送達腦部，長期也增加百分之八十四的失智症風險。透過適度的降血壓藥物，可以降低心臟衰竭的風險，但千萬不能過度使用，此種類型的病人如果舒張壓低於七十毫米汞柱的話，反而增加三倍的失智症風險。過與不及對於身體長遠來說，都不是一個好現象。

　　● **避凶六策之三：避免頭部外傷。**

　　大家都有不小心撞到桌緣的經驗，撞到的瞬間眼冒金星，可能會擔心腦部有否瘀血或其他問題。

　　隨著年紀增加，久坐起身時可能因為腦部缺血造成眩暈，或者因為關節疼痛造成步態不良，跌倒的機會隨之增加，這些其實都是身體出現的警訊。

　　就算腦部在跌倒當下沒有出血或者腦實質的影響，長期仍然和較高的失智症風險相關。

　　丹麥研究團隊二〇一八年發表在《刺胳針》精神科學的研究，發現超過五十歲的人，曾經有過腦部創傷的患者會增加約百分之二十五的失智症風險，而且這樣的現象跟腦部創傷的次數呈現正相關。

　　年長者跌倒除了可能造成腦部外傷，也可能造成髖關節或者胸、腰椎的骨折。因此，政府一直在提倡「保命防跌」，就是要避免跌倒造成的立即性與後續性傷害。

　　● 避凶六策之四：不抽菸。

　　對於癮君子們來說，香菸裏面的尼古丁是維持精神的重要物質。

　　尼古丁在身體中屬於興奮類型的神經傳導物質，但它不像前面提及的綠茶裏的咖啡因有保護腦部、防止失智的功效，抽菸會增加失智症的發生機會。

　　科學家收集了十九個研究，在這群總計超過兩萬個受試者、平均年紀七十四歲、至少追蹤十二個月的

研究結果發現，曾經抽菸跟從來沒有抽菸的人相比，增加了近百分之八十的長期失智症風險。抽菸的人，腦部退化速度也增加很多。

　　身體變差後，痛定思痛戒菸的人是否能夠減少失智症風險？科學研究顯示，**回頭是岸**在抽菸上是成立的。和戒菸的人相比，繼續抽菸的病人增加百分之七十的長期失智症風險。換句話說，只要願意戒菸，還是可以些微延緩腦部退化的速度。

避凶六策之五：不酗酒。

　　三五好友聚餐，總會來個小酌。過去的科學文獻也告訴大家，適度飲酒可以保護心血管健康。那麼適度飲酒可否幫助腦部健康？

　　在挪威一個長達二十七年的追蹤研究，調查四萬多名對象，詢問他們飲酒的次數與頻率，透過過去十四天飲酒頻率將他們分成三組，飲酒較多者（十四天內飲酒超過五次）、適度飲酒者（飲酒一至四次）

以及滴酒不沾者。

　　後續發現，跟適度飲酒者相比，飲酒量較多者，長期增加百分之四十的失智症風險；而適度飲酒者跟滴酒不沾者，兩者在失智症風險上沒有太大差別。

　　除了飲酒次數，飲酒的量也需要注意。根據美國標準，一個酒精當量是十四克酒精，大約是一瓶三百三十毫升的啤酒。**適度的飲酒量，男生每天不超過兩個酒精當量，女生不超過一個酒精當量。**

　　什麼樣的飲酒行為算是危險型飲酒，男生是每週超過十四個酒精當量或每次飲酒超過四個酒精當量，女生則是每週超過七個酒精當量或每次飲酒超過三個

適度飲酒量	啤酒	葡萄酒	紹興酒	高粱酒	威士忌
每日（男性）	660c.c.	240c.c.	160c.c.	75c.c.	75c.c.
每日（女性）	330c.c.	120c.c.	80c.c.	40c.c.	40c.c.

酒精當量。

　　換算成大家比較常飲用的葡萄酒（以百分之十二點五酒精濃度計算）、紹興酒（以百分之十七點五酒精濃度計算）、高粱酒或威士忌等烈酒（以百分之四十酒精濃度計算），建議大家不要超過如表列的飲酒量，以免造成腦部以及身體的負擔。

● 避凶六策之六：不憂鬱。

　　憂鬱症已是現代文明病之一，當患者很緊張地詢問關於憂鬱症的資訊，我會告訴病人這其實是一種賀爾蒙不平衡的狀況。

　　人體內原本就有許多賀爾蒙，例如女性賀爾蒙（動情素、黃體素等）維持身體正常機能，腦部裏面也有賀爾蒙存在，包含正腎上腺素、血清素、多巴胺、乙醯膽鹼等神經傳導物質。

　　當這些神經傳導物質缺乏時，如同家中存款不足，對外界刺激、挑戰的承受能力就會下降。換句話

說，我們身體或心情就比較禁不起打擊。

身體的賀爾蒙如同潮汐，潮起潮落，有時身體正好處於血清素濃度低點，若遇到生命中的巨大變革，就可能讓憂鬱情緒纏身。

目前科學上對憂鬱症會否增加失智症的風險尚無定論。較早的研究指出，憂鬱症患者罹患失智症的風險會增加兩倍之多；但最近發表在美國醫學會的文章，對一萬多名憂鬱症患者追蹤二十八年後發現，失智症的風險沒有增加。

愈來愈多人每天需要憂鬱症藥物的協助，長期外來的血清素補充，對身體究竟好嗎？長期使用憂鬱症藥物的患者，會增加百分之五十的失智症風險。

主要原因是憂鬱症藥物中雖然增加了血清素，卻會減少腦部裏面乙醯膽鹼的存量。後來科學家發現，如果讓長者使用不會影響乙醯膽鹼的憂鬱症藥物，就不會增加失智症的風險。

因此，憂鬱症其實不可怕，就把它當作潮起潮落

的一個過程，可以考慮短期使用藥物或請醫師選擇不容易影響腦部的藥物，幫助自己早日度過生命中的難關，長期也比較不會造成失智症風險。

養腦護腦 知易行難

身為在醫學中心照顧病人的醫師，能夠逆轉患者的疾病自然進程的契機不是很多，主要的原因是因為大眾對於失智症的認識還不夠清楚。

因此，筆者協助整理一些內容，告訴大家為什麼會失智，提出大腦存款的概念，透過趨吉避凶的做法，希望大家可以遠離失智症。

擔心自己失智的人很多，這些人會努力找到一切方法，來預防自己發生失智症，但是能夠身體力行的人，不占多數。

筆者整理趨吉六法以及避凶六策，透過簡單的方法，可以盡可能遠離失智症的危害。先從這些簡單的方法，再去做進一步的延伸，是一個實際而且有效的

預防策略。

　　失智症，是造成銀髮族失能的一大主因，而筆者認為，它不僅僅造成患者失去照顧自己的能力，也影響了整個家庭的正常運作。

　　為了不要影響後代子孫，自己要盡可能努力養腦；為了減少未來照護的負擔，也要盡可能協助自己的父母親護腦。

　　失智症並不可怕，可怕的是它會破壞長者與整個家庭的美好回憶。讓我們一起努力避免失智症發生。

健康六波羅蜜之六

【互動】

社會互動，健康快活

花蓮慈濟醫院副院長暨高齡醫學中心主任　羅慶徽

　　年紀老了，最好是能「長照」別人，而不要被長照！相信這是許多銀髮族的心願。

　　二〇一三年英國經濟研究院發表「工作愈久，健康愈好」的報告。文中指出，英國人平均退休後只快樂兩年，兩年後就會花很多時間在疾病上；因為退休滿兩年後，英國人生病、憂鬱、失能風險均升高。

　　無獨有偶，次年法國大規模研究也指出，持續工作、延後退休，維持社會參與（social participation）可降低罹患失智症的風險──與同齡人比較，晚一年退休，降低百分之三的失智機率。

　　近年來的研究清楚指出，退休對年長者的生活與

健康有全面影響。一言以蔽之，長者足不出戶、宅在家裏、不與人互動，是與社會脫節，也是慢性病、失智、失能、憂鬱症、死亡等的重要因素。不幸的是，臺灣長者雖然壽命長，但社會參與明顯不足。

臺灣人早退休，多「宅老」

臺灣為已開發國家，以六十五歲定義為長者來統計，根據國健署的資料，臺灣有六成退休長者，平日都是「宅老」。

其他四成有社會參與的，最常參與的是宗教活動，占百分之三十三。其次，有百分之三十左右參與各種社團活動；這些為了個人興趣而參加的活動，學界常稱為「非正式性社會參與」，例如登山社。第三類是以利他為目的的社會活動，例如志工，約占百分之十七。

那麼老人到哪裏去了？根據二〇一四年勞動部資料顯示，臺灣人平均六十二歲就退休了，而六十五

歲的勞動參與率是百分之八點三，反觀日、韓兩國，六十五歲以上的勞動人口，分別為百分之二十及百分之三十左右。

由此可見，臺灣人退休得特別早，老人勞動參與率又特別低，這樣的退休年齡，距離我們平均的人生終點，還有二十年左右的時間。

另一方面，臺灣社會面臨勞動力不足的困境，基於讓國民健康慢老的前提，學界建議延後正式退休年齡，改採逐步退休、鼓勵退休回職或兼職。

包括慈濟在內的團體，則鼓勵老人從事志工服務，以環保菩薩為例，既可充實生活、促進身心健康，又可增加人際互動，更可以從事環保工作「救地球」！

或許有人聽過一項報導：「有偶」長輩比單身長輩長壽。我們應該珍惜另一半，但有時有一方先離開人世，留下的一方可能無法獨自走下去。

其實，配偶有時不見得是最好的老年伴侶，而所謂一起老化或老來一起作伴的「老伴」，也不該只是

另一半。

老來保有自己，也要有「老來伴」

二〇一六年臺南大學研究發現，臺灣長者的社會參與率有很大的改善空間；大多數長者很少參與社區活動，參與志工服務的頻率一年平均一點四六次，與鄰里互動並不緊密，而都市型社區老人的社區互動規模又低於鄉村地區。

雖然家庭的關係在臺人社會仍有一定地位，但也有研究指出，維持老人士氣，朋友的角色往往比子女重要。

其實，讓人健康長壽的「老伴」，除了配偶，還包括「好朋友」。澳洲一項追蹤十年的研究，在一千四百七十七名年過七十的長者中發現，朋友網絡強大的長者較為長壽；而經常與親戚來往的長者，並沒有特別長壽。

所以，我們每個人都應該有「老伴」，就是老來

一起作伴的親朋好友。

　　上述澳洲的研究更認為朋友影響老人的行為和習慣，而且加強長者的自尊、提升正面情緒，進而延緩老化、促進健康。

　　再者，遠親不如近鄰，加以現代家庭子女人數少，鄰里間的互動往往是長者社會支持的主要來源。

　　為什麼除了配偶，還需要其他的「老伴」呢？許多性格不合的夫妻，愈老愈不肯包容對方，加以退休後相處時間增加，若有一方要求對方按照自己的標準過日子，衝突將加劇。

　　近幾年日本盛行「熟年離婚」，往往等到孩子自立了、準備退休了，很多夫妻決定「不再忍受對方」，因而提出離婚訴訟。

　　我的病人中，貌合神離者有之、離婚者有之，就算鶼鰈情深，基本上一定時間到了，有一方一定會先走，留下的一方如何度過餘生呢？

　　因此，學者們建議銀髮族一定要有「自己」，不

能只有配偶、只有孩子、只有家庭，更要有一些「老來伴」的朋友，一起共老。

老朋友間以開明平等的心互待，就能作為真心的朋友，彼此支援、一起旅遊、熱鬧聚會、談心學習、做志工等。

風靡日本的吉澤久子女士著有《一個人，不老的生活方式》，她說：「只有朋友能夠為生活增加色彩……與朋友接觸，可以讓人的精神和頭腦保持活力。人際關係也是一種財產，心理健康的泉源。擁有良好的人際關係，生活充實又愉快。」

現年八十八歲的女作家薇薇夫人甚至主張「女人可以沒有男朋友，但一定要有女朋友！」關於朋友的性別，她認為男性可以談天，但女性可以交心。

學者對於老年交友有「二要一不」三點建議——理念要相近、要說好話、不要比較。

首先，最重要的要理念或興趣相近。理念不相近，容易衝突，未蒙其益、先受其害；興趣相投，則比較

融洽。

我常常建議門診長者多多與理念或興趣相近的朋友互動，也參與各種社團，並熟悉舊技能、同時學習新技能、培養新的興趣。

藉由參與各式的活動，才能交到朋友、豐富人生，進而活躍生命、延緩老化。

其次，要說好話。一位友人體型微胖，證嚴法師說他「漢草好（體格強壯）」，但也有人直接說出「胖子」、「你很肥」，更難聽一點的說「死胖子」。相信聽在耳裏，人人都會知道我們比較尊敬誰。

人到了一定年紀，更要懂得尊重別人、說好話，用欣賞的眼光看待別人，這樣才能交到相互尊重、真心相待的朋友。

有句話說「心中有佛，所見皆佛」，有些長輩以「直爽」為由，經常口無遮攔，或許他人感覺不舒服不與之計較，但久而久之，大家避而遠之，就難以交到朋友。

　　人人都愛聽好話，但可能華人比較靦腆拘謹，不習慣說好話。所謂的好話，當然不是油腔滑調、口是心非，而是誠心誠意地讚美。

　　多年前，我親身感受過「好話」的威力。三十多年前，神經內科並不是醫學院畢業生的首選，某位名列前茅的學長捨棄當時熱門的科別，而選擇了神經內科，大家都覺得很好奇。

　　有一次逮到機會就詢問學長選科的動機，他跟我說，「你不知道嗎？主任說我是百年一見的神經內科人才！」

　　我當醫學生的時候，還是個篤信打罵教育、嚴師出高徒的年代，但那位神經內科主任永遠都會找到誠心的好話來讚美學生，正因為如此，他的四周聚集了非常多優秀人才。其實，這位老師也讚美過包括我的學生類似的好話。

　　有句「靜思語」說：「一句溫暖的話，就像往別人身上灑香水，自己也會沾到兩三滴。」常說好話，

受人歡迎，對別人是一種鼓勵，自己也受益無窮。

　　再者就是不要比較，比來比去，把感情都比掉了。

　　臺北榮民總醫院老年精神醫學專家蔡佳芬醫師，她說了一個例子：她常鼓勵長輩參加各式各樣的社團活動，享受休閒嗜好的快樂。

　　有一個潘奶奶原本參加讀經班研讀《聖經》，認識了很多好朋友、唱詩歌覺得很快樂，讀經班成為潘奶奶每個星期最期待的事。

　　但後來情況突然大轉彎，潘奶奶抱怨不想去了，在女兒旁敲側擊下，才知道讀經班的班長出於好意，舉辦「比賽背經節」，背得愈多、獎品愈多，前三名還要發紅包。

　　這對在乎自己表現的潘奶奶來說成了壓力，她自認自己讀過大學、在班上也不是年紀最大的，萬一表現比別人差，實在是太沒面子了。

　　不管女兒怎麼安慰、勸說，潘奶奶再也不願意去了。所以，不要認為長輩上了年紀，就沒有得失心，

團體互動的挫折感，也會成為長者參與的阻礙，團體活動的倡導者，一定要有智慧來避免這樣的情形發生。

腦神經元可再生，腦筋愈用愈靈光

最後一個保持年輕的祕訣，就是要多學習、多嘗試新的事物與新技能，才容易有不同的生活圈可以互動、活化身心。

頭腦需要鍛鍊，和肌肉一樣都是「用進廢退」，愈用愈年輕、愈靈活。

三十多年前，我當實習醫師的年代，作為腦外傷手術的助手時，主刀的師長經常會看著病人受傷的腦部叮嚀我們：「你們騎機車要小心，腦神經元不會再生。」

感謝當時師長的教誨，但「神經元不會再生」這個部分已經變了。腦細胞具有可塑性，我們學習新技能，或是不斷地鍛鍊，就會有新的神經元在相關的腦區生成。

　　學習新技能時，大腦不斷受刺激及思考，會大大
增加神經細胞間的傳導與速度，也會產生新的網絡；
就像我們從臺北出發要到花蓮，如果火車路線有問題，
準時抵達就有困難。但會動腦的人就可以乘坐巴士、
自行開車等，找出不同的替代方案，更能準時抵達。

　　有文獻指出，學習第二外語的人，失智症會晚五
年出現，因此我很鼓勵長者多互動、多動腦，利用各
種方式讓我們的腦部神經元活絡，讓腦部藉由鍛鍊延
緩老化、保持活力與機能。

社會參與及老有所用

　　社會參與對長者健康、壽命、生活品質各方面都
有著深深的影響，我們先看看簡單的「共餐」。

　　日本東京大學發現，日本高齡與家人同住男性，
一個人吃飯以及和家人共餐相比，死亡率提高一點五
倍。獨居又獨自吃飯的男性，罹患憂鬱症的比例與有
人共餐者相比，高出二點七倍，相同的情況，女性也

有一點四倍。

　　無怪乎，日本人稱一個人吃飯為「孤食」現象，甚至推出機器人「伴食」，這也是臺灣各社區關懷據點推動「共食」的初衷之一。

　　近年，全世界研究高齡醫學的學者，紛紛提出相對於生理性衰弱、認知性衰弱，稱這一類缺乏社會參與（包含社會網絡、社團活動及志工活動）為**社會性衰弱**（social frailty）；並不約而同指出，缺少社會參與是加速老化的重大因子。

　　社會參與愈多、生活圈愈廣、朋友愈多的老人，愈可能實現優雅老化。

　　政府近來為了增加社區民眾互動平臺，廣設社區關懷據點。自二〇一六年部分據點結合環保署推動資源回收工作，除了共餐、健康促進、減緩失能工作等功能外，也從事資源回收、分類，社區志工與長者參加活動時，將家中或左鄰右舍可回收的東西帶到據點「一兼二顧」。

　　因為是志願性質也無時間限制，長者做起來沒有壓力，像是開給長者的一堂「選修課」，無形中將環保活動與環保意識社區化、日常化了。

　　長者帶到據點的可回收物品，經過長者與志工分類後可以再次利用或販賣，收入又能回饋社區與弱勢族群。

　　這樣的活動既避免長者孤獨地「宅在家」，擴大與人群互動、活動筋骨，更因讓長者發揮本身的功能及生產力（老有所用），凝聚社區意識，難怪國健署指出，「做環保可以減緩失智與失能」，參與的環保老菩薩則是說自己「做環保，人不老，愛地球，顧子孫」呢！

　　分布臺灣各地的慈濟環保站，讓八萬多位環保志工天天歡喜做分類，找到生活重心，環保站也成為社區長者的日間照顧站，讓行動還能自如或稍微不便的長者，在家人上班、上學時，自己也有安心的去處，進行分類回收、和其他志工相伴，中午就在環保站共

餐，子女下班時再回家享天倫。

　　整個過程不但活絡肢體與腦力、增加與人互動、減緩老化，而且肯定自我，感受到生命的尊嚴，也就不會孤獨地宅在家感到寂寞。

　　慈濟環保站儼然成為長照的「日托」中心，這些揮汗做環保的菩薩，絕對不是社會的耗損，而是臺灣社會的珍貴資產；愈做愈健康開心的志工們，則說「**自己要長照別人，不要被長照！**」

　　總之，高齡長者若能退而不休、擴大生活圈，多與人互動交朋友，融入社會，從事志工服務，「**老有所安、更有所用**」，在不知不覺中，長保活力，就是慢老，甚至達到不覺老之將至的境界。

活躍老化，樂活長青

花蓮慈濟醫院副院長暨高齡醫學中心主任　羅慶徽

二〇一五年，世界衛生組織（WHO）出版全球高齡與健康報告，指出一個人的健康，是「生命週期」的概念，從出生那一刻就要注重，甚至從受孕開始，愈早愈好。

二〇二〇年，WHO 積極推動一個全球健康老化計畫，雖然因為新冠肺炎疫情的影響尚未受到重視，但疫情過去之後，這會是一個全球性的健康活躍老化大計畫。

我們現在遇到的問題是過去沒有遇過的。近兩百年，因為社會與醫療的進步，人類的壽命快速延長。一九四〇年代，臺灣人平均壽命大約五十歲，能活過

五十歲就不算「夭壽」了；七十歲以上就算高壽，辭世的時候，不是白色訃文告知親友，而是粉紅色訃文。

現代人的基本壽命已經到八十歲，社會進步加上科技、醫療，我們更應珍惜、正視人口老化的議題，用正向的思維來面對老化。

不論是現在已經年長的銀髮族，或是正值中、壯年，都應當認真儲存資產、持盈保泰。綜合本書前章所述的六大重點，再幫大家畫重點，一起「優雅慢老」，不論何時開始，認真重視自己的健康，都不嫌早、也不怕慢。

睡眠——定時定量比睡多久重要

全臺灣有五分之一的人有睡眠障礙，是亞洲使用安眠藥最多的國家。睡眠是人類維持健康的基礎，不是重要的一項，而是要活下去，就要睡得好，人類必須靠睡眠才能排毒。

科學界已經發現，要有好的睡眠才能預防失智。

失智是因為大腦裏堆積了許多腦細胞產生的廢物,但腦脊髓液在人類熟睡的時候,神經元可以縮小,讓出腦部的空間,使腦脊髓液可以循環沖刷、代謝並排出腦中的毒蛋白。就像平常我們在辦公室辦公,清潔人員不方便打掃清潔,但下班後辦公室淨空、閒雜人等退出,清潔人員就能進入徹底地清掃,讓空間恢復乾淨明亮。

人生有很多事很痛苦,必須忘記,不只靠時間,更要靠睡眠。現實世界讓我們痛苦的事,不能連結的,都透過睡眠連結起來。

睡眠最重要的是「定時定量」,每天準時上床、定時起床,符合大自然的運作法則。人類在還沒發明燈火之前,日出而做,日落而息;發明燈火之後,接著藍光又普遍使用於照明及3C產品,人類的睡眠也愈來愈被打亂。

人體需要分泌褪黑激素來產生睡意,當接觸藍光的時候,會比接觸綠光減少分泌百分之五十的褪黑激

素，只要持續一個星期，就會延遲三個鐘頭分泌。睡意來得太遲，太晚入睡，隔天卻要相同時間起床，睡眠就不足。

失眠的原因，第一個就是睡眠不定時，再來就是身體不夠累。我們常說工作很累，但大部分人雖然心智很累，身體卻不夠累，有些長輩則是白天已經睡飽了。因此第二個要領，就是白天生活規律有事做，而且三餐要定時。睡眠中樞很精密，吃東西也會影響，譬如吃早餐就是喚醒身體，給予熱量，給大腦回饋該工作了。

睡眠定時定量且規律、白天要夠累。第三就是睡前要放鬆。

最近有個慈濟志工睡不好，和先生一起來就診，結果先生效果很好、她的效果很差。追查原因，一問之下，她才說擔心自己的事還不夠，還去擔心別人的事情。因為她的兄長最近得到癌症，不願意接受治療，她很擔心，要說服哥哥，但她自己也有癌症以及好幾

種病，像她這樣因為擔心很多事，心情無法放鬆，自然就沒辦法睡好。

因此，睡眠一定要規律，好好睡，不能像信用卡一樣，可以先欠銀行再補回來。睡眠是補不回來的，作息也會亂，假日補眠只會愈補愈胖。

運動——要活就要動，離開椅子都算數

健康老化的關鍵是骨、肌力的「財產管理」。

世界衛生組織調查，運動量不足是僅次於高血壓、抽菸和高血糖，影響全球死亡率的第四大危險因子。臺灣人不愛運動，體育署指出，每四個人就有一位沒有規律運動的習慣（占百分之七十二點二）。前三大不運動原因是沒有時間、工作累、懶得動。

我們要從事什麼運動？理想上，運動也要「均衡不偏食」，有氧、肌力、平衡、伸展都不要偏廢。但是針對長者，特別應該加強抗阻力運動，以鍛鍊肌肉、防止肌少症。至於要運動多久？理論上，每天三十分

鐘、每週三天，共一百五十分鐘，現在主張要「有點喘但不能清楚講話」即可，不再強調一定要如跑步這樣高強度的有氧運動。

運動贏過睡眠的好處是——睡眠補不回來，運動可以。若能維持每星期五次、每次三十分鐘是最好的運動習慣，如果無法做到，也可以「零存整付」，只要每個星期運動時間加總達到一百五十分鐘就可以。

另外，如果條件許可，我們鼓勵運動要有點「複雜度」。例如跳舞就很好，既活動身體，記舞步也動腦，而且與人配合，達到互動的功能，是預防失智和失能非常好的運動項目。

腳的肌肉號稱「第二心臟」，所以能夠維持住勞動或走動，就能維持肌肉量，也就更能活動。活動量與肌肉量互為因果，沒辦法移動，就不能走路，也會造成衰弱。

擁有均衡、足夠的頻率、強度、複雜度當然是最理想的運動方式，但是無法因應不同族群的需求，因

此，近來有一個趨勢——運動生活化。

　　大部分的人都沒辦法到運動場或健身房，而運動最困難的就是難以持久，所以生活化很重要。例如我原本一直想要買啞鈴，其實可以用寶特瓶裝水，就可以拿來當作啞鈴，走路的時候或平常有空檔，都可以順便舉幾下鍛鍊肌肉。

　　在家裏、辦公室都可以當成健身房，重點是——離開椅子就算運動；可以走路就不要坐、可以坐就不要躺。

　　就算很忙碌，真的沒有時間運動，平常上班不要搭電梯改走樓梯、搭捷運或公車提早一、兩站下車步行，甚至做菜的時候輪流單腳站立，搭捷運的時候踮腳尖，都可以鍛鍊肌肉強度，只要不在靜坐的狀態都是可以的。

　　善用零碎時間，隨時隨地、居家、辦公室都是健身房，都可以運動，要優雅慢老，要活就要動，離開椅子都算數。

營養——體重不是重點，肌力、骨力才是

營養最重要的就是要「吃得好」——把老年人當「病人」養，蛋白質格外重要。

蛋白質是豆、魚、蛋和肉，肉類帶太多油脂，蔬食者可以多攝取豆類，豆類是非常優良的蛋白質來源。蛋白質的攝取對年長者格外重要，過去常被忽視，國民健康署的飲食指引，蛋白質的需求量從原本的每公斤零點九克，提升到每公斤一點二到一點五克。

食用蛋白質也有要領，分三餐食用比集中吃好，早午餐吃又比晚餐好，再來就是運動後吃比運動前吃好。運動之後，人體對蛋白質的吸收更佳。

擁有足夠的蛋白質，才能養肌肉，肌肉是代謝醣類很重要的組織。年紀大了為什麼血糖容易升高？就是肌肉量變少，代謝的「池子」小了，剩下的醣就多了，血糖自然就高起來了。

除了蛋白質，「微量元素」對銀髮族的健康也很重要，微量元素是當紅炸子雞，尤其是維生素 D 和鈣。

鈣和維生素 D 互為表裏，維生素 D 除了對骨質有幫助之外，現在又被發現對全身都有不可或缺的功能，甚至有人說，維生素 D 是另外被發現的「類似賀爾蒙」，作用擴及全身。

　　營養重點就是，第一要均衡、第二要注重蛋白質，第三就是微量元素要夠。

　　有很多奇怪的食物或健康食品，某些合成藥品，不要隨便亂吃，天然與均衡，才能讓身體獲得最自然充足的營養和能量。

慢病管理──維持自我生活功能最重要，高齡者不能用健康成年人的標準

　　國健署統計，八十五歲以上的長者，百分之九十有一種以上的慢性病。

　　人到了一定年紀很容易會有慢性病，一定要接受這件事，然後好好管理。如何管理？就是不要用年輕人的標準；而且有慢性病不是重點，重點是在維持自

我生活功能。

如果一位四十五歲的成年人要控制高血壓，我們會希望維持在收縮壓一百三十毫米汞柱以下，以避免其他的併發症。

但如果是一位八十幾歲的長者，血壓控制在舒張壓六十、收縮壓一百三十毫米汞柱，這樣是控制得很「標準」沒錯，然而血壓卻打不上去，使得營養和氧氣無法輸送到腦部，很可能造成失智、甚至昏倒或容易跌倒。

血糖也是一樣，如果已經年紀很大或是已經失能、行動不便，卻把血糖控制得太標準，容易造成長者低血糖時沒有辦法即時行動拿糖果應急，很可能昏迷甚至成為植物人，這些都不能不謹慎。

所以血糖要控制，但是要「因人而異」、「量身訂做」，不能統一標準。高血脂更是有趣，現在的標準是，如果年紀在七十五歲以上，並且沒有中風等病史、血管沒有放過支架，就算膽固醇高也不需要治療。

　　但是如果中風過或放過支架等，膽固醇還是需要治療，絕對是要依長者的身心功能量身訂做。

　　平均每個星期就有一個病人來看診，是因為血壓控制得太嚴格造成頭暈，我的功能就是幫病人把藥量減半，追蹤之後，病人頭暈的狀況就改善了！

　　當然這都是醫師的專業可以幫忙的事，長輩們千萬不能「自己當醫師」，自己減量或停藥，醫師會依據檢查以及各項評估，幫忙長者獲得更適當的治療和生活品質。

　　所以慢性病的管理，長輩和照顧者都要有這樣的觀念──不要用年輕健康成年人的標準，不要太嚴格，應該以長者生活功能來調整。

　　有一個名詞叫「死亡競爭」；人老了，不可能一直活著，一定會有一個理由死去，今天血壓控制得很好，就有可能死在另一個原因。

　　如果有這樣的觀念，就可以知道，年紀大了，各項控制和管理不要執行得太過嚴苛，讓長輩能獲得最

好的生活品質，才是平衡且更長壽的祕訣。

動腦——趨吉避凶、用進廢退，活到老學到老

腦部和身體肌肉一樣，都是用進廢退，多動腦就能保持腦部的活絡。

動腦就是要一直學習新的東西，若能保持開放的心，多接受各種刺激，有難度的，才能長保腦力。

而趨吉避凶，除了要多動腦，還包括前面說的，睡眠好、飲食好、多運動以及感官好，維持五官的清明，就要接受各種刺激。

當然，社交互動是非常重要的，也就是人與人的互動，這是維持心智活動非常重要的一環。

互動——親人不是唯一，要有一起慢老的伴

病人中，很多長期照顧先生的女士，先生過世後，頓失重心，感覺自己也快死了。

社會的進步，造成普羅大眾壽命延長。經過研究，

中老年人的朋友對個己在各方面的幫助，甚至比夫妻或親人更重要。

　　夫妻就是要不斷地磨合，老了相互陪伴，但現代社會流行「熟年離婚」，我有朋友等孩子事業有成或成家立業後，六、七十歲才離婚，想要過自己的生活。

　　因此，除了家庭之外，一定要有其他的「伴」，尤其是女性，在男女平均壽命統計下，女性大多需要獨活五年以上，因此要有一起老的伴，尤其是朋友。

活躍老化

　　睡眠、營養、運動、慢病管理、動腦和互動這六個好習慣，除了銀髮族要注意，中壯年也應提早做好準備，養成好習慣，永遠不嫌早。

　　在老化的過程中，自己不要失去生活功能，就不會變成負擔。

　　世界衛生組織曾提出「活躍老化」的觀念，希望年長者可以在健康、社會參與都很平衡的狀態下，發

揮豐富的人生經驗，甚至可以生產創造，成為造福人群的資本和力量。

證嚴法師一直在提倡的就是這種觀念，人老了要有尊嚴、有價值，要成為社會的資產。譬如鼓勵志工們去做環保、拯救地球，製成的環保產品，還能再次發揮功能。

我曾到過馬來西亞，那裏的慈濟志工將努力做環保的收入，用於三個專門幫助窮人的洗腎中心；馬來西亞有十個經政府認證的優良洗腎中心，其中三個是慈濟的洗腎中心，這就是對社會做出了極大的貢獻。

一九八九年，柏林圍牆倒塌，倒塌的時候，東德與西德人民的平均壽命差了十歲，十年後，東西德人民壽命都一樣了。由此可知，人類的壽命會因為經濟制度和社會、醫療而有所不同。

日本是非常有名的長壽國家，之前不但有「下流老人」的說法，甚至還有「長壽是禮物或詛咒」的說法，如何才能讓長壽成為禮物而非詛咒？

　　若能改變心態來看待老化這件事，就可以把討論
這個問題當作一種特權，因為社會制度的進步，壽命
延長了，我們才有機會關注老化問題。

　　慈濟人常講，「我們要長照別人，不要被別人長
照。」不要覺得老了沒有用了，晚霞通常是一天中最
美的時候，人生的老年也是具足經驗和智慧的時候，
如果能夠照顧好自己，不要失能或失智，進而永保樂
意學習、與人互動的心，就能活化身心，發揮自己的
長處，長者自身就是社會最珍貴的資產。

國家圖書館出版品預行編目（CIP）資料

優活慢老／羅慶徽等作；陳玫君主編 — 初版
臺北市：經典雜誌，慈濟傳播人文志業基金會，2021.02
300 面；15×21 公分
ISBN 978-986-99577-8-6（平裝）
1. 老年　2. 老化　3. 中老年人保健　4. 生活指導
544.8　　　　　　　　　　　　　　　109020348

慈醫健康系列 006

優活慢老

創　　辦　　人／釋證嚴
發　　行　　人／王端正
平 面 媒 體 總 監／王志宏

作　　　　　者／羅慶徽、高聖倫、陳柏威、劉詩玉、洪裕洲、許晉譯
採　訪　整　理／吳宛霖
插　　　　　畫／葉晉宏
主　　　　　編／陳玫君
特　約　編　輯／吟詩賦
執　行　編　輯／涂慶鐘
美　術　指　導／邱宇陞
美　術　設　計／翁士婷
校　對　志　工／高怡蘋
出　　版　　者／經典雜誌
　　　　　　　　慈濟傳播人文志業基金會
　　　　　　　　112019臺北市北投區立德路2號
編 輯 部 電 話／02-28989000分機2065
客　服　專　線／02-28989991
傳　真　專　線／02-28989993
劃　撥　帳　號／19924552　戶名／經典雜誌
印　　　　　製／新豪華製版印刷股份有限公司
經　　銷　　商／聯合發行股份有限公司
　　　　　　　　231028新北市新店區寶橋路235巷6弄6號2樓
　　　　　　　　02-29178022
出　版　日　期／2021年2月初版一刷
定　　　　　價／新臺幣320元

集
TZUCHI